· 李营 主编

麻辣科学 Hot Science ·“蒙冤”的科学·

许淑玉 编

山东大学出版社

图书在版编目（CIP）数据

麻辣科学.“蒙冤”的科学/李营主编；许淑玉编.
—济南：山东大学出版社，2013.9
ISBN 978-7-5607-4883-2

Ⅰ.①麻… Ⅱ.①李… ②许… Ⅲ.①科学知识—普及读物 Ⅳ.①Z228

中国版本图书馆CIP数据核字（2013）第210434号

策划编辑：马银川
责任编辑：马银川
整体设计：张　荔

出版发行：山东大学出版社

社址：山东省济南市山大南路20号
邮编：250100
电话：市场部（0531）88364466
经销：山东省新华书店

印刷：山东华鑫天成印刷有限公司
规格：890毫米×1000毫米　1/16　8.75印张　130千字
版次：2013年9月第1版
印次：2013年9月第1次印刷
定价：28.00元

写在前面的话

我们崇尚科学，因为科学中存在着一定的客观规律；我们好奇大自然，因为大自然不断向我们展示万物的神秘。当然，科学真理并不都是浅显易懂的，科学探索也不都是轻松愉快的。在大自然和人类社会里，有很多有趣的事情等着我们去发现。

在我们生活的大自然中，有很多东西名不符其实。例如，海马为什么不是马？纯酒精为什么不杀菌？独木也能成林？河蟹不在河里？夜来香白天也会开？鸳鸯也会分手？……这一列问题，似乎矛盾重重，然而，其背后都有一定的科学道理。神秘的大自然蕴藏着许多我们不知道的秘密，有很多我们无法解释的问题。好奇心促使着我们去了解它。这里有“名不副实带来的误会”“常识里的大错误”“你所不知道的事情”“原来是我们误会了”，跟随他们的脚步，我们会一一揭开科学神秘的面纱，为一些“委屈”的科学“平冤雪恨”，大大满足我们的好奇心，让我们对科学产生浓厚的兴趣。

为了增加知识的趣味性，提高青少年读者的阅读兴趣，本书特意塑造了两个角色——小龙崎和龙叔叔。小龙崎是一个活泼开朗的学生，酷爱科学，对世界上的一切事物都充满好奇和兴趣，平时总喜欢缠着龙叔叔问个“为什么”。龙叔叔是一位科学院的博士，他知识渊博，对世界科学史了如指掌，因此总被小龙崎“纠缠”。但不管小龙崎如何“刁难”，他都能对答如流。通过小龙崎与龙叔叔的一问一答，本书深入浅出地将科学知识生活化、趣味化。你还等什么呢？赶快跟随小龙崎和龙叔叔开始一段精彩有趣的科学之旅吧！

另外，鉴于编者水平有限，书中难免存在粗疏错漏之处，敬请方家不吝赐教。本书在编写过程中，尤其是在解释科学现象或说明科学原理部分，参考了部分专家学者的观点和著作，在此一并深致谢忱！

编 者

2013年5月

目录

一、名不符实带来的误会

1. 来自印度的“阿拉伯数字”/3
2. 叫蟹不是蟹/6
3. 叫鱼不是鱼/9
4. “我”不是棉花/12
5. “我”只是叫作“木化石”而已/14
6. 缺少陆地的地球/16
7. 没有水的水星/19
8. 不是玻璃也不是钢/21
9. 海马为什么不是马/23
10. 叫作“天牛”不是牛/26
11. 蛇中老大/28
12. 仙人掌有叶子/30

二、我们认为的不一定对

1. 独木也能成林/35
2. 花不一定都是香的/37
3. 无花果会开花/39
4. 棉花也有彩色的/42
5. 烟草也有无害的/44
6. 病毒并不是最小的/47
7. 蜇人马蜂不是害虫/50
8. 鸳鸯也会分手/53
9. 河蟹不在河里/56
10. 大熊猫也吃肉/58
11. 金鱼嘴里有牙齿/61

三、常识里的大错误

1. 金属不一定都是固体的 /65
2. 味精一点儿也不简单 /67
3. 空气也可以杀人 /70
4. 白天也会开的夜来香 /72

四、你所不知道的事情

1. 行星不会“眨眼睛”/77
2. 北京时间不在北京 /79
3. 雪是雪，雨是雨 /82
4. 真的有过 2 月 30 日 /85
5. 天不是蓝色的 /88
6. 北极星也会变 /91
7. 寒潮不是寒流 /93
8. 航空飞机和航天飞机 /95
9. 海与洋不一样 /97
10. 氧气不会被用完 /100

五、原来是我们误会了

1. 冬虫夏草是动物还是植物 /105
2. 开屏不是比美 /108
3. 凤尾鱼也有爸爸 /111
4. 蜜蜂蜇人之后不会死 /113
5. 纯酒精为什么不杀菌 /116
6. 伤庄稼的除草剂 /118
7. 多样化的润滑剂 /121
8. 冰的世界种类多 /124
9. 子弹没有声音快 /127
10. 火箭、导弹不一样 /130

一、名不符实带来的误会

1 来自印度的“阿拉伯数字”

这一天下午，小龙崎和叔叔龙博士在图书馆看书。小龙崎拿着自己的数学书一边翻看，一边思考着问题。突然，他想到一个问题，就迫不及待地问龙叔叔：“龙叔叔，1、2、3、4……这些数字叫作‘阿拉伯数字’，是不是因为它们是由阿拉伯人发明的呢？它又是怎么发展起来的？”

龙叔叔看着小龙崎好奇的样子，不禁笑了笑，回答道：“其实阿拉伯数字不是由阿拉伯人发明的。我给你讲一个故事吧。”

我们听到“阿拉伯数字”这个名称时，第一时间就会认为它是由阿拉伯人发明的，但是，这是错误的理解。在公元200～300年间，印度的一位科学家巴格达发明了阿拉伯数字。最初，他只能将数目计到“3”，想要得到“4”这个数字，还需要把两个数字相加，因此这让巴格达研究了好长一段时间。对于巴格达来说，这并不是一件简单的事情，他从这里发明了用手指来表示数字。比如，一只手上的5个指头表示“5”这个数字，两只手的10个指头表示“10”这个数字。这也正是我们现在学习数学算数的基础。但是，人们在使用中根据不同数字表示的量不同，对于数字的位置开始有了不同的看法。后来，人们在这个基础上进行了改进，从而出现了表达不同数的10个符号，即1、2、3、4、5、6、7、8、9和0。

公元500年前后，世界的经济、文化有了长足的发展和进步，印度旁遮普地区的数学处于领先地位。在印度大陆西北部的天文学家阿叶彼海特在数学方面有了新的突破。他制作了一个有三个小格子的木板，每个小格子里可以放一个数字。第一个小格子就代表个位数，第二个小格子中的数字代表十位数，第三个小格子中的数字则代表百位数。这便开始了阿拉伯数字正式的应用。

小龙崎听到这里，又问道："既然阿拉伯数字是印度人发明的，为什么不叫作'印度数字'，而叫作'阿拉伯数字'呢？"

1 2 3
4 5 6
7 8 9
0

龙叔叔耐心地说："公元700年前后，阿拉伯人将所有不同的文化合并起来，从而创造了属于阿拉伯国家自己的文化。繁荣的景象使阿拉伯人充满了信心，很快他们将印度旁遮普地区也征服了。但是，阿拉伯人发现，这个地区的数学比自己国家的还要先进。因此，他们想把这些先进的数学也引进自己的国家。终于在771年时，印度北部的数学家被抓到了阿拉伯，被迫给当地的人们讲解数学。由于印度数字和印度计数法既简单又方便，阿拉伯人和世界上一些商人们都选择采用这种数学计算方法。后来，阿拉伯人把这种数字传入西班牙。随后，又传到欧洲其他国家。这也正是人们将1、2、3、4……数字称为'阿拉伯数字'的原因。"

"哦，龙叔叔，我明白是怎么回事了。"小龙崎开心地说。

不可不知的事

阿拉伯人与阿拉伯人数字

阿拉伯人所使用的数字记法有两套，一套是我们熟悉的“阿拉伯数字”，而另一套则是我们很多人不常见的，它是阿拉伯人自己独有的数字记法。为了将这两种数字记法区分开，阿拉伯人将自己独有的数字记法叫作“阿拉伯人数字”。

虽说“阿拉伯人数字”是阿拉伯人自己独特的记法，但是，究其来源，也可以说是印度数字。它是在印度数字的基础上进行了完善和改进后创造的，更便于书写和运算。虽然“阿拉伯数字”和“阿拉伯人数字”这两种记法的名字很相近，但是写起来却截然不同。比如，阿拉伯数字中的“4”，用独特记法写出来便是“3”左右翻转的样子；“5”写出来就是一个圆圈；“7”写成“V”；“8”则是把“V”上下颠倒过来写。

这些写法对于我们来说很奇怪，但是，对印度人来说却很实用。在当地还有很有趣的顺口溜，比如“颠三倒四，七上八下，五零不分”等。最有趣的是，我们书写汉字都是从左向右依次写出，而阿拉伯人书写阿拉伯语却是从右向左依次写出。但是，当他们写数字的时候，数字却是从左向右依次写出来的。如果我们去读一篇阿拉伯语文章，就会产生“左顾右盼”的感觉。

2 叫蟹不是蟹

一天，小龙崎和叔叔龙博士来到了海滩上，他们很开心地在沙滩上捡各种各样的贝壳。突然，小龙崎发现了一只很奇怪的小生物在海滩上爬来爬去。

“龙叔叔，这个小生物是什么啊？它长得好奇怪哦！”小龙崎问道。

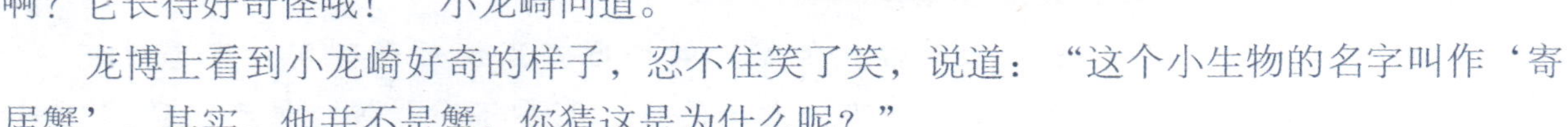

龙博士看到小龙崎好奇的样子，忍不住笑了笑，说道：“这个小生物的名字叫作‘寄居蟹’，其实，他并不是蟹。你猜这是为什么呢？”

可爱的小龙崎眨了眨两只亮闪闪的眼睛，摇了摇头，他催着龙叔叔说：“龙叔叔，您快点给我讲讲吧！”

我们从“寄居蟹”的名字中，可以大致知道它是喜欢寄居的小生物。不过，它还有自己独特的名字，叫作“虾怪”，也有人称它为“白住房”“干住屋”等。

寄居蟹属于节肢动物甲壳纲，它长得很奇怪，既像虾又像蟹。它的躯体偏长且不对称，其头部坚硬狭窄，腹部柔软，可屈可伸。

世界上多数的寄居蟹主要生活在水中，但是少数的寄居蟹生活在陆地。寄居蟹属于昼伏夜出的生物，且缺乏安全感。如果它感到自己不安全，可能会在兴奋的状态下选择自杀。因此，白天它生活在海边的岩石缝隙中，在傍晚的时候则会出来活动。寄居蟹主要生活在其他生物的螺壳内，受到惊吓的时候，这些螺壳便是他们最温暖的港湾。

寄居蟹会根据自己体型的大小，来选择“居住房屋”的大小。随着体型的增长，它们会不断地寻找新的壳体“搬家”。甚至有一些寄居蟹不再寄居在其他生物的壳里，而是长出了类似螃蟹的硬壳。

人类的寿命有长有短，寄居蟹也不例外。寄居蟹的寿命一般为 2 ～ 5 年，不过，如果它们生长在良好的环境下，也可以活 20 ～ 30 年，甚至更久。

小龙崎听到这里，吃惊地问：“龙叔叔，寄居蟹可以存活这么久啊？它们靠吃什么为生呢？”

龙叔叔说：“寄居蟹属于杂食性生物，大到鱼肉，小到菜叶，它都吃。寄居蟹算得上是‘口味重’的生物，一些含有腥味的食物对它来说是最好不过的了。例如，一些在海边生存的寄居蟹主要吃死鱼残骸和海藻等。不过，寄居蟹不能长期食用酸性的食物，否则会得软骨病。”

“因为酸性物质有腐蚀作用，是吧？”小龙崎一脸自信地说。

龙叔叔笑着回答道：“是啊。你真聪明！”

不可不知的事

寄居蟹的家

一般情况下，寄居蟹的房子主要是海螺壳、贝壳、蜗牛壳等壳类，可是在没有这些壳类的时候，它们怎么办呢？其实，寄居蟹也很聪明，幼小的它们会找一些类似壳类的坚硬东西当作自己的“家”，比如瓶盖等。但是，寄居蟹长大以后，就需要一个合适舒服的“房子”了。这时，寄居蟹就会体现出自己的“暴脾气”，它们开始向海螺进攻。它们先把海螺弄死，然后分解，最后就会钻进去，用自己的尾巴钩住海螺壳的顶端，这样，一个螺壳就成为寄居蟹的新家了。

3 叫鱼不是鱼

假期，小龙崎和叔叔龙博士出去游玩。一天傍晚的时候，他们回到了酒店。刚走到酒店的大厅，小龙崎就往前跑了。龙叔叔好奇地看着小龙崎，不知道他又要做什么。随后，小龙崎停在了酒店大厅里的鱼缸旁边。看着各种各样的鱼，小龙崎不断地发出感叹：“哇，好漂亮啊！”

龙叔叔看到小龙崎兴奋的样子，就问小龙崎：“我给你出个谜语吧！你知道什么鱼叫作鱼，但是却不是鱼吗？”

小龙崎想了想，说道：“龙叔叔，是鲸鱼吗？”

“回答正确！你太棒了！不过你知道这是为什么吗？”龙叔叔宠爱地看着小龙崎说道。

小龙崎摇着头说道：“不知道。龙叔叔，您给我讲讲吧。”

鲸是生活在海洋中的哺乳动物，分布在世界各大海洋中。目前，共有 90 多种属于鲸目的动物，它们在地球上是一个庞大的家族。但是，鲸并不是真正的鱼，而是一种脊椎动物。

5000 多万年前，现代鲸的祖先生活在陆地上，但是随着气候和地壳的变化，它们离开了陆地，渐渐地适应了大海的生活。漫长的岁月中，鲸经过一代又一代的演变，成为现在我们看到的鲸。它的体型呈流线型，身体上没有毛，皮肤光滑，这样可以减小水的阻力，使它无论在多么恶劣的环境下，都可以自由自在地游泳。鲸还拥有海生脊椎动物的独特之处：它的前肢退变为鳍足，后肢退化，尾部呈水平排列。

我们在海边观察一段时间就会发现，平静的海面上时常会喷射出一股股小水柱，乍一看好像喷泉一样美丽。这种现象要归功于鲸。在它的头顶上有一个外鼻孔，这便是水喷出的地方。它的内鼻孔位于喉部，其作用就是在吞食食物时避免呛住。

鲸是一种温血动物，它的体温与人类接近，一般保持在37℃左右。北极的海水时常会在0℃以下，那么鲸是如何在低温的海水里生存的呢？就像很多自然界的生物都自己很奇特的生存方式一样，鲸也不例外。面对冰冷的海水，鲸也有自己的“对策”。在鲸的皮层下，有一层厚厚的脂肪作为绝缘层，这样就可以保持体内的热量。

小龙崎听到这里，很好奇地问：“龙叔叔，鲸在海中的这些生活习性的确与众不同，但是，有没有更加特殊的地方呢？这些也没法证明它不是鱼呀？”

龙叔叔笑着说道：“小龙崎，这个问题问得好。我们都知道鱼是卵生的，而且用鳃呼吸。在这一方面，鲸就有自己的独特之处了。鲸是水栖哺乳动物，胎生，它们用乳汁哺育幼鲸。而且，鲸不是用鳃呼吸，它同人类一样，是用肺呼吸的。鲸的肺部有很大的伸缩性和容量，它吸一口气，可以用很长时间，有时鲸就依靠这一口气潜入很深的海域。”

不可不知的事

世界上最大的鲸鱼

提到鲸，我们就会想到它那巨大的身体。鲸如同人类一样，也有高有矮，有胖有瘦。在众多的鲸的品种中，最大的鲸就是蓝鲸。蓝鲸属于须鲸亚目，目前为止被认为是地球上体积最大的动物。它的身长达33米，体重更是我们难以想象的——181吨。虽然蓝鲸很长，但是它并不胖，属于瘦长体型。蓝鲸的背部是青灰色的，当蓝鲸在水中的时候，我们只能看到淡淡的颜色。蓝鲸的食物很简单，主要是一些虾类和小型的鱼类。蓝鲸储蓄食物的能力很强，它吃饱之后，可以在长达4个月的时间内不再进食。不过，到目前为止，由于人们的不断猎杀，蓝鲸的数量急剧减少，几乎濒临灭绝。因此，人们应该马上停止滥捕滥杀的行为，给它们创造一个安全舒适的生活环境。

4 “我”不是棉花

小龙崎和叔叔龙博士这一路走来，发现了不少稀奇的东西。在走到一个小村庄时，小龙崎又找到了令自己惊喜的东西。在这个村庄内，一些砖房旁边都有一个小棚子，小棚子的顶似乎是由一种“波浪线”似的材料搭建而成的。

这使小龙崎很惊奇，他问道：“龙叔叔，这是什么啊？它为什么可以搭建成小棚子呢？”

龙叔叔抬头看了看，告诉小龙崎说：“搭建这种棚顶的材料叫作‘石棉瓦’，它是由石棉组成的。”

小龙崎搔了搔头发，迷惑地问道：“龙叔叔，石棉是棉花吗？可是，棉花是软的，它看起来很坚硬啊？”

“呵呵，石棉不是棉花，我给你讲一讲它的故事吧！”龙叔叔说道。

石棉又叫“石绵”，是一种具有高抗张强度、耐化学和热侵蚀且具有可纺性的硅酸盐类矿物产品。它是由纤维束组成的。

石棉是从什么时候开始进入到人类的生活当中的呢？这就要追溯到古埃及。公元前400年左右，石棉就被古埃及人用来制作法老们的裹尸布。而我国在周代时期，就开始用石棉纤维制作织物。据统计，大约到1900年，世界上开采石棉的数量已达30万吨 / 年。

到目前为止，石棉一般可分为温石棉、青石棉和铁石棉。世界上绝大多数的石棉均为温石棉，它具有优良的纺丝性能。青石棉和铁石棉则主要用于造船。

“龙叔叔，石棉在不同方面具体有哪些用处呢？”小龙崎又问道。

龙叔叔看着好奇的小龙崎，继续说道：“由于石棉的性能较多，因此在商业、公共事业和工业设施等方面有很大的用途。在纺织方面，石棉纤维作为传动、保温、隔热、绝缘等部件的材料或衬料，可以织成纱、线、绳、布等。在建筑方面，可以制成石棉板；另外，当石棉纤维与水泥混合后，就可以制成石棉水泥瓦（板）等制品，我们刚才看到的那个小棚子顶就是由石棉水泥瓦搭建而成的。在交通方面，用石棉与沥青混合，可以制成石棉沥青制品嵌填水泥路面，作为交通工程的材料。在国防方面，石棉堪称‘人类的好帮手’。用石棉与酚醛、聚丙烯等材料黏合，可以用作飞机机翼、油箱等隔热材料。当石棉与各种橡胶混合后，还可以做成密封材料。”

“哇，石棉的用途好广泛啊！它真是一种很好的材料。”小龙崎兴奋地说道。

不可不知的事

石棉的危害

研究表明，石棉纤维在工业中的应用还会给人类带来危害。石棉中的纤维成分在大气和水中能悬浮数周，可以持续地造成污染。日常生活中，人们的很多疾病都与石棉有关。

据统计，1980～2003年期间，在德国，与石棉相关的职业病造成了约12000人死亡。法国每年因石棉致死约有2000人。1990～1999年期间，美国已经有20000多人建立了石棉沉着病例。而在法国，每年因石棉致死的人可高达2000人。那么，石棉究竟是怎样危害人类的健康的呢？

其实，石棉本身是没有毒的，它的危害主要来自于它的纤维。石棉纤维是一种肉眼几乎看不见的小物质，当它被人体吸入时，就会附着并沉积在肺部，造成肺部疾病，从而引起病变，甚至致癌。目前，石棉已被国际癌症研究中心确定为致癌物。

5 “我”只是叫作“木化石”而已

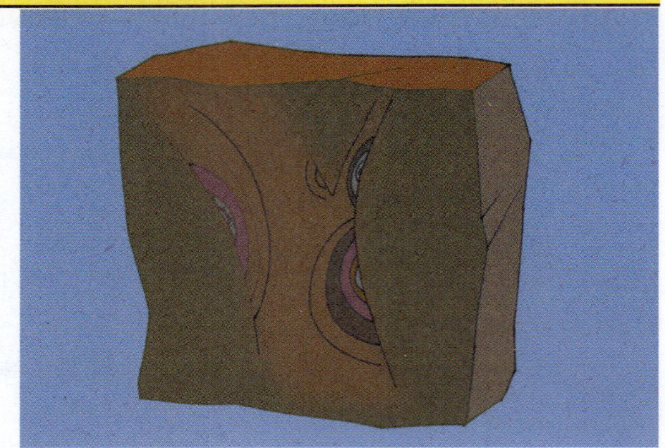

这天，小龙崎在街上看到一张传单，博物馆里正在举行一个著名的展览，其中有一项展品是木化石。小龙崎很好奇，回到家里就开始缠着龙叔叔问个不停：“龙叔叔，木化石是什么东西啊？和咱们看见的动物化石是一种东西吗？”

龙叔叔摸了摸小龙崎的头，说道：“小龙崎，木化石和普通的化石有很大的区别。正因为如此，木化石才格外珍贵和稀有。既然你很好奇，我带你去看看吧。”

木化石也叫“硅化木”，是地质历史时期树木经历地质变迁之后的产物。话说约在2.5亿年前，那时的地球上森林茂密，后来发生了剧烈的地质运动，树木被迅速埋到地下，木质部分被地下水中石英家族的二氧化硅所淹没，其他石髓、蛋白石等化学物质结晶沉积下来，保留了树木的原始结构，也就形成了现在的树木化石。

换句话说，从外观上看，化石还保留着木头的树干外形、树皮、年轮这些木质纤维结构和纹理，甚至细胞结构都保存了下来，但实质上它们已经是100%的石英了。这些木化石的年轮、树皮、节瘤、虫洞、肌理等特征记录和见证着亿万年的地质变迁和物种衍化，为人们研究古植物及古生物史以及古代地质和气候变化提供了线索，其产地也被世界上很多国家建设成为硅化木国家公园。

木化石的颜色有土黄、淡黄、黄褐、红褐、灰白、灰黑等几种，抛光面有玻璃光泽，不透明或微透明，因部分木化石就像玉石一样，有的还被称为“树化玉”。而且，木化石通常都有较多裂缝或缺口，经过漫长岁月，有些地方的木化石还常被玛瑙等物质填满。

小龙崎听着，感叹道：“自然界真是太奇妙了！那为什么说木化石既稀有又珍贵呢？”

龙叔叔说：“木化石稀有，是因为它主要生成于中生代时期，以侏罗纪、白垩纪最多，历史非常久远，存世量非常少；而有的木化石不仅有着木头的纹理，还具有了玉石的质感，材质展示出富贵和美丽，所以非常珍贵。”

不可不知的事

世界上最长的木化石

在中国的新疆奇台地区有一块硅化木化石，长达38米，根部直径达1.2米，是当今极为罕见的巨型化石，也是目前世界上最长的硅化木。据专家推测，此树完整的话将高达80米，初步鉴定为松柏类高大乔木植物，地质年代为晚侏罗世，已入选世界吉尼斯纪录。

6 缺少陆地的地球

一天，小龙崎和叔叔龙博士来到了一个海边，小龙崎突然不走了。龙叔叔奇怪地看着小龙崎，问道：“小龙崎，你在想什么啊？”

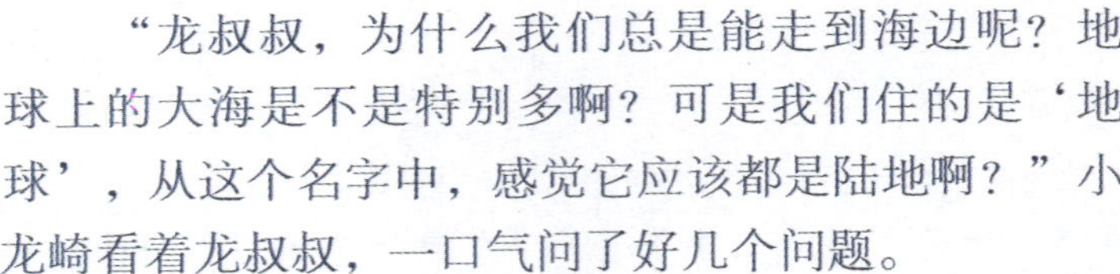

“龙叔叔，为什么我们总是能走到海边呢？地球上的大海是不是特别多啊？可是我们住的是‘地球’，从这个名字中，感觉它应该都是陆地啊？”小龙崎看着龙叔叔，一口气问了好几个问题。

“呵呵，叫作‘地球’就得有很多陆地啊？那叔叔就给你讲一些关于地球的知识吧！”龙叔叔从自己的背包中掏出了一个小型地球仪，开始给小龙崎讲解。

地球是太阳系八大行星中从内到外的第三颗行星，它是唯一被液态水所覆盖的星球。人们对于地球上水的起源有着不同的说法。有些人认为，在地球形成初期，大气中的氢氧化合成了水，随之凝结，形成了海洋；也有人认为，在原始地壳中，硅酸盐等物质受火山影响而发生反应，析出水分；甚至有一些人认为，地球上的水分主要来源于彗星和陨石。

我们看到地球仪的第一眼时，就会发现，圆球大部分被鲜艳的蓝色所包裹，这些蓝色就代表着海洋。从太空中看地球，我们会看到一个蔚蓝色的椭圆形球体。水是地球表面数量最多的天然物质，它覆盖了地球70%以上的表面，因此地球是一个名副其实的大水球。

小龙崎听到这里，忍不住问道："龙叔叔，那这些水究竟是从哪里来的呢？地球是不是本身就有水啊？"

龙叔叔回答道："在地球诞生初期，它就是一个空空的球体，没有河流、海洋和生命。整个地球的表面是一片荒凉，就连大气层中也几乎没有水分。在这种环境下，你说现在的大海、河流、湖泊等又是怎么产生的呢？"

"我不知道，龙叔叔。"小龙崎摇摇头。

"地球是由有氢气、氮气和一些尘埃等太阳星云分化出来的星际物质聚合而成的。大量的固体尘埃聚集在一起，就形成了地球的'核心'——内核。在地球形成初期，整个地壳结构松散，温度也很低。随着地球的不断收缩，内核开始释放物质并产生能量，这使得地球内部的温度逐渐升高，不同的物质根据重量开始沉积，地表形成了坚硬的地壳。但是，地球内部的温度很高，岩浆活动开始频繁。从此，地球表面开始有山峰、谷底的出现，地球的引力也开始增加。一些同岩浆一起喷发出来的气体也无法摆脱地球的引力，从而构成了原始地球大气，水蒸汽便是原始大气的成分之一。"龙叔叔说。

"龙叔叔，那水蒸汽又是从哪里来的呢？"小龙崎又问道。

"衰老了的星球爆炸而形成的大量碎片，就是我们所说的组成地球内核的固体尘埃。这些碎片内部蕴藏着许多结晶水合物，而结晶水合物中的结晶水在高温下就变成了水蒸汽。水蒸汽达到饱和状态时变成云，随后变成雨，最后落到地面上，聚集成了小水洼。随之，继续蒸发到空中，再变成云……一直循环。地球在经历几十亿年的演变后，就形成了我们现在看到的江流湖海。"龙叔叔说。

不可不知的事

地球的年龄

对于地球究竟有多大岁数了，科学家们不断进行研究。通过计算公式，科学家最初得出地球的诞生要比太阳系晚30亿~45亿年，太阳系产生的时间为55.68亿年前，则地球产生的时间大约为25.48亿年前。20世纪60年代末，科学家将月球表面的岩石标本进行测定，发现月球的年龄为44亿~46亿年。而根据当时最流行的太阳系的天体是在差不多时间内凝结而成的观点，可以认为地球应该是在46亿年前形成的。然而，这是依靠间接证据推测出来的。人们并没有在地球身上发现确凿的物质，来证明地球活了46亿年。到2007年时，瑞士的科学家修改了这一数据。他们认为，地球的产生晚于太阳系6200万年。因此，要想获得地球更精确的年龄，有待于进一步的深入研究。

7 没有水的水星

晚上，小龙崎和叔叔龙博士坐在院子里，漫无边际地闲谈。不经意间，小龙崎抬头看到了天空中亮闪闪的星星，他的小脑袋中又冒出了一大堆问题。

“龙叔叔，星星的名字都是怎么来的呢？是不是很多星星也像地球一样‘名不符实’？就像‘水星’，肯定它上面也不会全是水吧？”

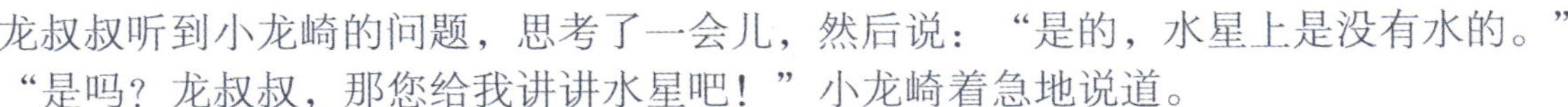

龙叔叔听到小龙崎的问题，思考了一会儿，然后说：“是的，水星上是没有水的。”

“是吗？龙叔叔，那您给我讲讲水星吧！”小龙崎着急地说道。

水星是八大行星中最小的行星，在中国被称为“辰星”。它位于太阳系最内侧，虽说是最小的行星，但是与月球相比较，它一点都不小。在太阳系所有的行星中，水星有最大的轨道离心率和最小的转轴倾角。一般情况下，在太阳的照耀下，我们看不到水星，只有在日食时才可以看到。在北半球，凌晨时可以看见水星。

水星在几十亿年的演变过程中，在表面形成了许多褶皱、山脊和裂缝。水星表面与月球相近，有许多大小不一的环形山，时而有一些巨大的急斜面。水星上有一个很大的双环盆地，很多人认为，可能是在太阳系早期碰撞时形成的。水星上温度最高的地区就在这个盆地内——卡路里盆地。我们在地面上观测水星，几乎只能看到一个圆形的球体，至于水星表面是什么样子根本无法看到。

“龙叔叔，水星上为什么没有水呢？”小龙崎问道。

龙叔叔说：“我们都知道，太阳的温度非常高，而水星距离太阳很近，因此，水星白昼的地表温度可达到 427℃，而到晚上的时候，其表面的温度又会降到 -173℃。这种温差是地球上的生物无法体会到的。我们生活的地球白昼分明，而水星的天空漆黑一片，原因就是因为水星表面在白昼时温度太高，没有大量的大气可以保留。而仅存的稀薄空气也是从太阳风中得到的，密度与地球大气相比仅为 12%。在没有大气且温度较高的情况下，就不会有水蒸汽产生，因此，水星上没有液态水。”

不可不知的事

水星之最

第一，离太阳最近。水星是离太阳最近的行星，平均距离为 5790 万千米。

第二，轨道速度最快。由于水星距离太阳最近，引力最大，因此，水星在轨道上的速度为 48 千米/秒，是速度最快的行星。

第三，一“年”时间最短。按人类所描述的“年”来推算，地球一年绕太阳一圈，而水星绕太阳公转只需 88 天。原因就是水星在轨道运转的速度很快。

第四，表面温差最大。由于水星上没有大气，且距离太阳最近，因此在“向阳”时，水星温度可高达 427℃，而在夜间，水星的温度可降到 -173℃，温差近 600℃。

8 不是玻璃也不是钢

一天，小龙崎和叔叔龙博士一起走到了一个建筑工地，在工地上有一辆大车装满了建筑材料。小龙崎围着车子转了一圈，发现在车子上有一个醒目的名字“玻璃钢”。

“龙叔叔，快看，这里写着‘玻璃钢’三个字，它是什么啊？是玻璃还是钢啊？”小龙崎问道。

龙叔叔看了看，说：“小龙崎，‘玻璃钢’既不是玻璃也不是钢，我带你去建筑材料批发市场看看吧。”

玻璃钢又叫“玻璃纤维增强塑料”，它是以玻璃纤维及其制品为增强材料，以合成树脂为黏结剂，经过一定的成型方法而制成的一种非金属复合材料。可分为玻璃纤维增强复合塑料、碳纤维增强复合塑料和硼纤维增强复合塑料三种。它具有质轻、高强、防腐、保温、绝缘、隔音等诸多优点。

复合材料需要由两种或两种以上的材料混合在一起，以达到一种材料无法达到的效果，也就是1+1>2。比如说，虽然单一玻璃纤维的强度很高，但是它属于松软体，纤维松散，无法承受弯曲、剪切等力度；如果我们把合成树脂与其黏合在一起，那么它既可以承受拉应力，也可以承受弯曲、剪切等力度。而这种“组合”就是我们所说的玻璃钢。

虽然玻璃钢的强度堪比钢材，但是它不是钢；它的成分中含有玻璃纤维且具有玻璃的色泽，还有耐腐蚀、隔热等性能，但它也不完全是玻璃。因此，人们便给它起了“玻璃钢”这个名字。

盆地，很多人认为，可能是在太阳系早期碰撞时形成的。水星上温度最高的地区就在这个盆地内——卡路里盆地。我们在地面上观测水星，几乎只能看到一个圆形的球体，至于水星表面是什么样子根本无法看到。

听到这里，小龙崎问道：“龙叔叔，玻璃钢是怎么发明出来的呢？”

龙叔叔继续说道：“虽然玻璃坚硬易碎，但是具有耐高温等特性；虽然钢铁很硬，不易碎，但是不足之处就是它不具有玻璃的色泽等特点。在玻璃钢没有出现以前，人们就开始想能不能二合一，将它们结合起来呢？后来，人们就开始研究，终于成功制作出玻璃钢了。鉴于它具有玻璃与钢的双重优点，因此，它一投入市场，就受到了人们的极大欢迎，进而很快便在世界范围内推广开来。”

不可不知的事

玻璃钢的用处

随着科学技术的发展和人民生活水平的提高，玻璃钢在人们的日常生活中已经是必不可少的一种材料了。无论是建筑行业还是化学化工行业，都需要用到这种材料。下面我们就简单看一看它的主要应用领域吧！

（1）建筑行业：玻璃钢门窗、围护结构以及太阳能利用装置，等等。

（2）化学化工行业：耐腐蚀管道、耐腐蚀输送泵及格栅、通风设施等。

（3）汽车及铁路交通运输行业：全塑微型汽车，大型客车的车体外壳、车门等，以及消防罐车、拖拉机的驾驶室及机器罩等。

（4）电气工业及通信工程：绝缘管、电动机护环、电机冷却用套管等。

……

另外，玻璃钢原材料还可以制作玻璃钢瓦，又称“透明瓦”。它既能抗紫外线、抗静电，而且还很美观，深受建筑界人士的喜爱。

9 海马为什么不是马

龙崎的问题

一天，小龙崎和叔叔龙博士走到一处广场时，广场上的电视内正好播放了一条新闻：海边大群海马出没，很多游人都观赏到了这一壮观景象。电视中海马的样子激起了小龙崎的好奇。

“龙叔叔，海马不是马吗？它为什么会在海里生活呢？”小龙崎问道。

龙叔叔笑了笑说：“小龙崎，谁说叫作‘海马’就得是马啊？你要多看书学习，才能懂得更多科学知识，现在叔叔带你去看看吧。”

我们经常会听到斑马、海马等带有“马”字的动物，但是，它们都是马吗？如果我们这样想，就错了。斑马是马，但是海马不是马，它仅仅是因为头部酷似马头而得名。更有趣的是，海马是一种奇特的小型鱼类。在它的头部每侧有 2 个鼻孔，胸腹部由 10 ～ 12 个骨头环组成。海马的“小尾巴”呈四棱形且细长。海马在躯干和尾部之间有背鳍，但是没有尾鳍。雄性海马与雌性海马的身体结构不太一样，雄性海马的尾部腹侧有一个育儿囊。

海马虽然为小型鱼类，但是它的嘴巴与其他鱼类却不同。海马的嘴呈尖尖的管形，不能张合，这便影响了海马的进食，它仅能吸食水中的小动物。除了嘴巴特殊之外，海马的眼睛也具有特别之处，可以分别各自向上下、左右或前后转动，这样它的身体就不用转动了。这样“灵活”的眼睛给海马带来了不少的方便，它可以随时转动眼睛观察自己周围的环境。

有时候，它还可以一只眼睛向前看，一只眼睛向后看。这一项“技能”并不是所有动物都能做到的。

海马虽然有背鳍，但是它的鳍用肉眼是不太容易看出来的。如果我们用专业摄影机仔细观察，就会看到一根根活动的棘条。这些棘条活动的速度很快，可达到 70 次 / 秒，海马依靠背鳍可以自由自在地移动。虽然海马的灵活性较高，但是它并不喜欢游水，更多时候，它会选择在珊瑚礁的缓流中安逸地漂动。海马尾部的灵活性在这个时候也可以派上用场，它经常会适时地用尾部抓住珊瑚的枝节。因此，海马可以适应不同浓度、深浅的海水。

“龙叔叔，海马不喜欢游泳，那它怎么捕食呢？”小龙崎又问道。

龙叔叔笑了笑说：“海马主要是吸食食物，因此，食物的大小就很重要了。在大海中，海马主要捕食一些小型甲壳动物，比如虾类。如果是人工饲养的话，就需要特别注意了，海马的觅食视距仅有 1 米左右，如果人们投放的食物距离海马较远的话，可能就会被其他水生物捕食。”

“哇，龙叔叔，海洋世界也很神奇啊！”小龙崎忍不住感叹道。

龙叔叔说：“是啊！小龙崎，大自然的好多知识都等着你去了解呢！”

不可不知的事

海马是海马爸爸生的？

海马到底是由妈妈生的还是由爸爸生的？这个问题着实让科学家费了一番工夫。首先，要弄清楚如何辨别海马的雌雄。科学家发现，与袋鼠正好相反，雄性海马有育儿袋，而雌性海马没有。其次，要弄清雌雄海马是如何交配的。海马的繁殖期在每年的5～8月。在这一段时间内，它们的游动速度会减慢，并栖息在布满海草的温暖海水中。交配过程中，雄性海马和雌性海马相互纠缠，以便产卵。这时的现象会出乎我们的意料，海马的卵并不是存留在雌性海马体内，而是由雌性海马将卵产在雄性海马腹部的育儿袋内。海马的卵需要经过50～60天的成长，在即将生育的时候，雄性海马会使自己的身体扭曲，这样小海马就可以从他的腹部开口出来了。因此，小海马是由爸爸生出来的。

10 叫作“天牛”不是牛

小龙崎和叔叔龙博士一边走一边玩着猜谜语的游戏。小龙崎先为龙叔叔出了一个简单的谜语：“像鱼不是鱼，终生住海里。远看像喷泉，近看像岛屿。”

龙叔叔迅速回答：“是鲸。”

小龙崎拍手着说道：“龙叔叔，您好棒啊！”

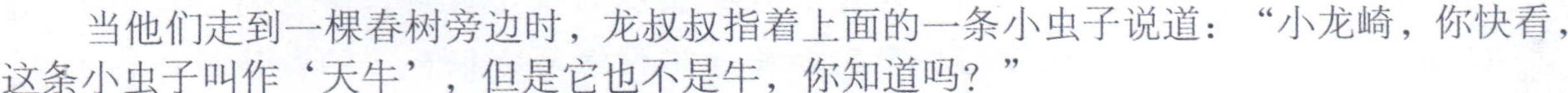

当他们走到一棵春树旁边时，龙叔叔指着上面的一条小虫子说道：“小龙崎，你快看，这条小虫子叫作‘天牛’，但是它也不是牛，你知道吗？”

我们听到“天牛”这个名字的时候，肯定会想到壮如牛的一种动物，但是事实并非如此。天牛又叫作“水牯牛”，也被称为“春牛儿”。它可不是什么庞然大物，而是一个体长仅仅不足11厘米的小昆虫。这么小的昆虫为什么取这么“庞大”的名字呢？原来小小的天牛不仅力气不小，而且它可以在空中自由地飞翔，因此被称为“天牛”。天牛的头部长着一对长长的触角，大多数的天牛为黑色，并散发着金属的光泽。它主要生活在园林区，可以发出“咔嚓、咔嚓”的声音，因此又被称为“锯树郎”。

天牛因种类不同，其繁殖后代的时间也各不相同。有的1年可以繁殖1代或2代，而有的则需要2～3年，甚至4～5年才能繁殖1代。天牛的幼虫主要生活在树干中，等到成熟以后，再出来活动进食。它们的营养主要是从花粉、嫩枝、嫩叶和果实中提取。

天牛成虫的寿命一般为数天，较长者可达到1～2个月。但是，如果我们将天牛成虫放置在蛹室中生活，其寿命可达7～8个月。天牛的活动时间与其“长相”有关。小眼面粗的天牛具有较强的趋光性，常在夜间活动；而小眼面细的天牛，则多在白天活动。

天牛产卵的方式并不是单一不变的，它根据口器的不同而有所差异。前口式的天牛，会将卵直接产入粗糙的树皮或裂缝中；而下口式的天牛，会先在树干上咬出刻槽，然后将卵产在刻槽内。当卵孵化出幼虫后，它们就会在树干中生活。因此，我们也可以看出，天牛的幼虫蛀食树干和树枝，将会影响树木的健康成长。树木受害严重时，将会死亡。

“哇，龙叔叔，原来天牛是害虫。那被它损伤的树木我们不能‘见死不救’吧？”小龙崎问道。

龙叔叔点了点头，说：“对，对于被天牛蛀食的树木，人们也采取了一些挽救的方法。”

不可不知的事

挽救被天牛残害的树木

小小的天牛，“本领”却不小，它足以毁掉一棵树。对于一些被天牛残害的树木，我们如何进行挽救呢？首先，我们要在树木生长的旺季，也就是4月上旬到5月上旬，或者在8月上旬到9月下旬进行。先给树木浇少量的水，保证土壤的水分。其次，在晴天的时候，将受损树木附近的土挖开，使被害的根茎露出来。用小刀将受损部位的残渣消除掉，使根茎留下完好的部分。最后，在根茎被消除的部分涂上生根粉，在周围放足富含腐殖质的砂壤土，并拌上少量腐熟的猪牛粪，堆在根茎周围。不久之后，树木便会长出新根。

11 蛇中老大

动物园是小孩子的天堂，对小龙崎来说，也不例外。一天，小龙崎和叔叔龙博士来到了动物园。

“哇，龙叔叔，好大的蛇啊！它就是蟒蛇吗？”小龙崎睁大吃惊的双眼，瞪着一条大蛇问道。

“嗯，它就是蟒蛇，你看它很大吧？”龙叔叔转过身来问小龙崎，“你想了解蟒蛇吗？”

小龙崎“小鸡吃米”般地点了点头。

蟒蛇是世界上最大的较原始的蛇类，主要特征是体形粗大而长。在蟒蛇的肢体上有腰带和后肢退化的痕迹，雄蛇较为明显。蟒蛇粗大的肢体表面并不是单调的一种颜色，不同种类的蟒蛇会有不同的花纹。虽然它的身体很粗大，但是它的头很小巧，这并不影响蟒蛇的活动。另外，蟒蛇的尾端是一个很强势的部位，它具有缠绕性和攻击性，时常会将自己的身体缠绕在树干上。上树是蟒蛇的强项，那么它会游泳吗？答案是肯定的，而且它很善于游泳。

蟒蛇属于树栖性或水栖性蛇类，主要生活在湿热地区，比如热带雨林、亚热带潮湿的森林等。适应了热带气候的气温，蟒蛇就会比其他动物更害怕寒冷，最适合它生活的温度一般为25℃～35℃。如果温度低于20℃，蟒蛇就会像冻僵一样，出现麻木的状态；如果温度再低一点，蟒蛇就会被冻死。蟒蛇这么害怕寒冷，那它是不是可以承受住炎热的气候呢？当然不是，如果蟒蛇在强烈的阳光下暴晒也会死亡。

蟒蛇属于卵生生物，每年6月份开始产卵，一次可产8～30枚。蟒蛇卵的大小与鸭蛋差不多，但是在卵的一端都会带有一个“小尾巴”，就好像是婴儿的脐带。雌性蟒蛇产完卵之后，就会对卵进行孵化。孵化期一般为60天左右，这也是雌性蟒蛇警戒性和攻击性较强的时期，假如在这一时期人们靠近它，就会被咬伤。

小龙崎又问道：“龙叔叔，蟒蛇的生活习惯我都了解了，它们吃什么呢？”

龙叔叔回答道：“蟒蛇也有冬眠期，一般为4～5个月。由于它对气温较敏感，因此，春季来临，气温回升后，它才会出来觅食。但是，夏季的高温对于蟒蛇来说也是一大难题。自然界的生物都有自己不同的思维，蟒蛇也很聪明。它们会躲在阴凉的地方，避免与阳光‘见面’，等到晚上的时候再出来觅食。它们主要以鸟类、鼠类等一些小型生物为食。蟒蛇的牙齿很尖锐，遇到猎物时，会突然发动袭击，然后用身体紧紧缠住猎物，直至猎物窒息而死。”

“哇，龙叔叔，蟒蛇好凶猛、好厉害啊！”小龙崎感叹道。

龙叔叔摸了摸小龙崎的头说：“小龙崎，蟒蛇也有好多种，刚才我们看到的蟒蛇还不是最大的呢！”

不可不知的事

世界上最大的蟒蛇

世界上最大的蟒蛇叫“桂花”。我们在听到“桂花”这个名字的时候，会觉得它是一种很温顺的生物。但是，事实恰恰与我们所想的相反。

“桂花”是在印尼和马来西亚交界的婆罗洲的一个原始森林中发现的，印尼国家科学研究所等机构对其进行了观察、检验。“桂花”身长14.85米，重447千克。据说，想要制服这条巨蟒，需要8～10名魁梧的男子合力进行。“桂花”的大口一旦张开非常吓人，可以很轻松地吞下整整一个人。

12. 仙人掌有叶子

一天，小龙崎和叔叔龙博士去动物园玩。“龙叔叔，您快看，这是什么啊？厚厚的，一堆刺。”小龙崎走到动物园一片好像沙漠似的空地上，指着一棵绿色植物大叫了起来。

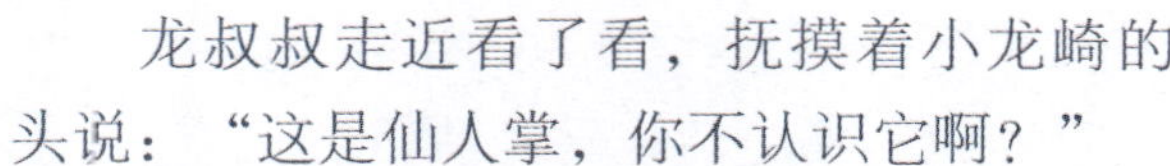

龙叔叔走近看了看，抚摸着小龙崎的头说：“这是仙人掌，你不认识它啊？”

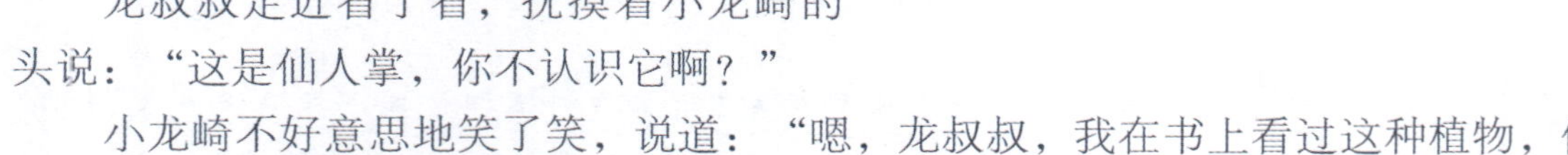

小龙崎不好意思地笑了笑，说道：“嗯，龙叔叔，我在书上看过这种植物，但是我不敢确认。您给我讲讲仙人掌吧！”

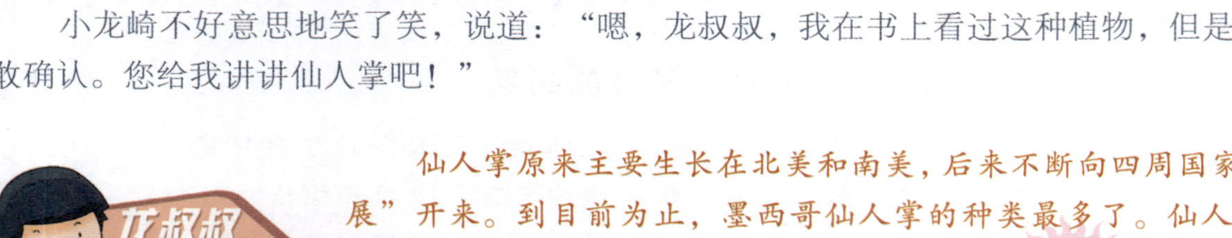

仙人掌原来主要生长在北美和南美，后来不断向四周国家“伸展”开来。到目前为止，墨西哥仙人掌的种类最多了。仙人掌喜欢生活在干燥地区，但是，也有少数种类的仙人掌生活在湿热地区，比如热带和亚热带地区。

我们看到的仙人掌都长着厚厚的一片片“大叶子”，形状像人的手掌，表面覆盖着一层刺。当我们避开刺轻轻捏仙人掌的“大叶子”时，会感受到仙人掌“大叶子”中的水分。我们所说的“大叶子”，其实就是仙人掌的茎。它含有叶绿素，可以进行光合作用。仙人掌的根系很纤细，入地较浅，但是分布很广泛，这有利于吸收地面表层的水分。

仙人掌也分大小，形状千奇百怪。小型仙人掌就好像电子纽扣，大型仙人掌就好像高大的柱子。我们常见的仙人掌多数生长在土中；而有一些比较另类的仙人掌，可以生长在坚硬的岩石表面。不同的仙人掌，表面形态也有差别，有些表面平滑，有些有突出的结节、嵴或凹沟。无论仙人掌的表面差别有多大，几乎所有种类的仙人掌表面都生长着棘刺或钩毛。

听到这里，小龙崎皱起了眉头，问道："龙叔叔，您说仙人掌的'大叶子'是茎部，那它的叶子呢？"

龙叔叔说："原始的仙人掌类植物生长在潮湿的地区，外形与其他植物没有很大的差别，都有着茂密的叶子。随着时间的变化和一些客观因素的作用，仙人掌生活的地区逐渐变得干旱起来。'物竞天择，适者生存'是自然界所有生物必须遵循的原则，为了适应环境的变化，仙人掌的外形发生了变化。扁平叶子由于缺少水分的滋养，已经卷曲，随后退化成了圆筒状，进而又退化成鳞片状，最后完全消失。目前，在中美洲地区还有一些原始的仙人掌类植物，它们虽然还有叶子，但是大小和肉质都发生了变化。我们现在看到的仙人掌，刺座实为腋芽发育而成的。"

"哦，龙叔叔，原来是这么回事啊。自然界的趣事好多啊！"小龙崎欣喜地回答道。

不可不知的事

仙人掌传说

在地球刚刚诞生时，上帝开始创造世间万物。他最先创造了一些大型动物，不过还是觉得地球太单一，随后创造了人类和植物。植物的种类很多，到仙人掌的时候，上帝发现它很柔软，似乎稍微一碰触，它就会失去生命。上帝怀着怜悯之心，给它加了一层盔甲，在盔甲之上还有一些钢刺。这使得仙人掌从外观上成为一个坚硬的植物。从此，再没有人看到仙人掌柔软美丽的内心。一些想要接近仙人掌的植物都被它身上的钢刺伤害了。几千年来，其他植物都对仙人掌产生了惧怕心理。后来，有一个勇士出现了。他对于仙人掌的威力一点都不惧怕，甚至还很不屑，“看我消灭这个怪物！”勇士大喊一声，随后，将仙人掌砍成了两半。这一剑砍出后，勇士有点惊讶，原本以为仙人掌很难被打倒，没想到它如此不堪一击。令勇士更惊讶的是，仙人掌的内心是那么柔软。这一件事使勇士明白：仙人掌只是用坚硬的刺来保护自己脆弱的内心。

二、我们认为的
不一定对

1 独木也能成林

一天，小龙崎和叔叔龙博士来到一个大型的公园散步。快到中午的时候，头顶炎热的太阳，小龙崎有些受不了了。突然，小龙崎感到一片阴凉，抬头一看，他发现有一棵树“雪中送炭”给他带来了凉爽。小龙崎在乘凉的同时不忘仔细地观察这棵树，突然他激动地叫了起来：“哇，龙叔叔，您有没有发现，这么大一堆树叶竟然就一条树干？”

龙叔叔看着小龙崎好奇的样子，宠溺地笑了笑，说道：“嗯，我看到了。你知道这是什么树吗？”

小龙崎摇摇头，说道：“龙叔叔，这个我不知道。我第一次看到这样的树木，好奇怪啊！您给我讲讲吧！”

这是榕树，原产于亚热带地区。榕树主要以长相奇特、树冠巨大而著称。榕树的树冠呈广卵形或伞状，叶子茂密。一般榕树可高达30米，枝条可向四面无限伸展，深入土壤中的树干称为“支柱根”，就好像雨伞，一杆撑起一片天。正因为榕树有这样的特点，因此被人们称为“独木成林”。

榕树“独木成林”的特性正体现出了其生命力的旺盛。不过，在日常生活中，榕树也需要人们对其进行维护，比如浇水、施肥、修剪枝叶、防治病虫害等。过于潮湿或过于干燥都会使榕树感到不适，因此我们应该采取“见干见湿”的原则。同时，温度适宜也是榕树健康成长不可缺少的因素，昼夜温差太大会致使榕树死亡。

榕树堪称是一种大树，傍着它，可以支架棚房。从远处观望榕树，它就像一座绿色的大山。榕树也是一种“矫情”的植物，它需要人们时常修剪，枝条越剪越长。茂密的树冠并不是榕树最美的地方，根部是榕树的骄傲。榕树的根与树没有根本的区别，盘根错节，起伏不定，景象奇特雄伟。

小龙崎听到这里，情不自禁地问道：“龙叔叔，您能给我举例讲讲吗？”

龙叔叔点头答应，说道：“在金宝河畔伫立着一棵高达 17 米的榕树，这棵榕树树冠直径有 7 米多，茂盛的枝叶覆盖了 100 多平方米土地。相传这棵榕树是在隋朝时期种植的，至今已有上千年的历史。从外观来看，它的树干呈现老态龙钟的景象，但是生命力的旺盛却是人们无法忽视的。”

“哇，龙叔叔，改天您带我去那里看看吧！”小龙崎满怀期待地说道。

龙叔叔说：“没问题！不过，去之前，你要对榕树的知识了解透彻啊！”

“保证完成任务！”小龙崎高兴极了。

不可不知的事

榕树与环保

榕树巨大的树冠不仅在视觉上给人们带来享受，可以缓解眼疲劳，而且它还可以美化环境。随着科技的发展和人们日常生活水平的提高，交通工具的快速发展给人们带来了便捷，但是也给空气带来了污染。榕树茂密的枝叶可以吸收空气中的有害气体，从而释放氧气，并且可以杀菌。如果人们长时间与榕树接触，可以使自己的大脑皮层受到良好的刺激，还可以促进细胞新陈代谢，提高机体免疫力等。

城市的噪音是一种特殊的空气污染，长期受到噪音的干扰，会给人们的神经和听觉系统产生一些不利的影响。榕树茂密的枝叶可以将噪音向各个方向分散，从而使噪音减弱

另外，榕树是大自然的“吸尘器”，它可以吸附空气中的粉尘并过滤，从而达到保洁空气的效果。

2 花不一定都是香的

小龙崎和叔叔龙博士来到一片森林中，一种奇怪的味道传了过来。这使龙叔叔心里紧张起来，这种味道好像是尸体腐烂的味道。

“龙叔叔，这是什么味道啊？好臭！”小龙崎也发觉了不对劲。

龙叔叔一边走一边安慰小龙崎说：“没事，可能是动物在森林中死去的时间太长了，尸体腐烂了。”

走了没多远，小龙崎和龙叔叔就看到一朵巨大的花。“龙叔叔，快看，那里有一朵大花，这味道是不是从它身上传过来的？”小龙崎边说边跑了过去。

龙叔叔看了看这朵花，肯定地点点头说：“嗯，小龙崎，你真聪明。这朵花叫作‘泰坦魔芋’，我给你讲讲它的特性吧。”

说起花，我们首先会想到鲜艳的颜色和香香的气味。而泰坦魔芋花却与众不同。它是世界上最大的花，又被称为“尸花”。1878 年时，一位植物学家发现了这种奇特气味的花，它生长在苏门答腊岛。

泰坦魔芋花一般可以存活 150 年左右，花儿成熟以后，可以达到约 1.8 米。在营养成分充足的情况下，它的生长速度惊人。在它的生命期内只开 2 ～ 3 次花，而且每次开花的时间很短，最多数日。在它长出果实之后，就会枯萎，随后再次进入休眠期。

泰坦魔芋花最大的特点就是所散发的气味与其他花朵有着天壤之别。它不仅没有令人陶醉的香味，反而会散发出惊人的臭味，令人难以忘却。此外，泰坦魔芋花的花朵温度很高，远远大于空气的温度，可达到37℃。

“龙叔叔，既然也是花，泰坦魔芋花的臭味是从哪里来的呢？”小龙崎问道。

龙叔叔说：“泰坦魔芋花的花冠其实是肉穗花序的总苞——天南星科植物特有的‘佛焰苞’。它的根茎与马铃薯的根茎类似。在花冠展开后，我们就会看到鲜艳的花朵，同时我们也就闻到了刺鼻的尸臭味。”

小龙崎再次问道：“龙叔叔，它散发出这种独特的气味，是不是有什么用处啊？”

龙叔叔点点头，回答说：“嗯，泰坦魔芋花散发的尸臭味是帮助自己‘传宗接代’的法宝。它想吸引苍蝇等一些以腐肉为食的甲虫，使其卵产在自己的身上，从而帮助自己传播花粉。”

小龙崎感叹地说道：“哇，这么美丽的花朵，这么有‘个性’，真是不可思议！”

不可不知的事

近10年泰坦魔芋花的开花纪录

2011年4月22日，在瑞士发生了一件轰动世人的事情。有着“世界上最臭的花”之称的泰坦魔芋花开花了，这是10多年间泰坦魔芋花首次开花的纪录。在瑞士巴塞尔大学校内，一朵高2.7米、直径达1.2米的泰坦魔芋花在4月22日夜间盛开了。人们在800米开外都可以闻道泰坦魔芋花的臭味。

同年12月1日凌晨，在日本东京都调布市的神代植物公园，泰坦魔芋花盛开。但是，它仅仅开放了数个小时。相关人员预计，它下次开花要在7年之后。

2012年12月27日，在巴西贝洛奥里藏特植物园内，一棵高1.6米的泰坦魔芋花也开花了，且吸引了大批游客前往围观。人们对于这样鲜艳的花朵所散发出的气味表示了惊奇和难以置信，从而也感叹了大自然的美妙和奇异。

3 无花果会开花

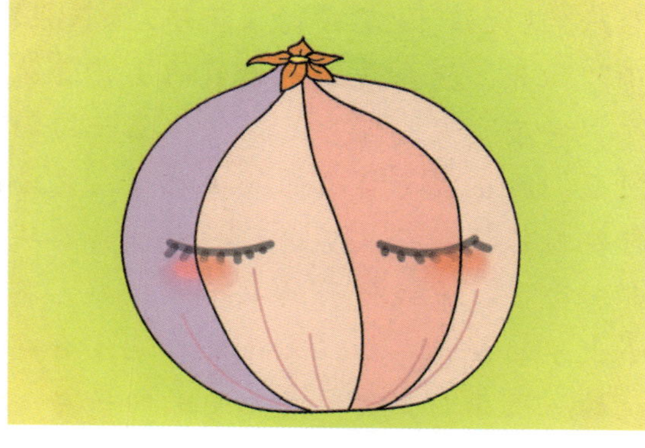

小龙崎和叔叔龙博士一边走一边讨论着大自然奇怪的植物。说到无花果，小龙崎的好奇心又来了。

“龙叔叔，‘无花果’这个名字的由来，是不是就是因为它不开花呢？”小龙崎问道。

龙叔叔说：“小龙崎，你只说对了一半。无花果的花我们看不到，但是它并不是没有花。”

小龙崎这时有点迷惑了，问道：“那它到底有没有花呢？”

龙叔叔说：“小龙崎，无花果也有花，我带你去看看吧。”

大约在唐代时期，无花果传入我国，至今已有1300余年的历史。它分布的范围广，但是比较稀疏。无花果属于浆果树种，具有很高的营养价值和药用价值。

温暖湿润的海洋性气候比较适合无花果的生长。它是“阳光”的植物，喜欢阳光的照射，但是却经受不住寒冷的刺激。无花果在土壤中的适应能力很强，无论是酸性土壤还是碱性土壤，它都可以适应。另外，无花果耐盐性强，肥沃的沙质壤是最适合栽培无花果的。

无花果的干皮呈灰褐色，小枝粗壮。在无花果的边缘处有波状齿，上面粗糙，下面有短毛。无花果的花期在4～5月，6～10月期间会结出果实。

一般人们听到“无花果”这个名字就会认为它不开花，这就错了。它是隐头花序，如果我们将绿色的“果子”切开，就会看到有许多的小花骨朵。无花果的花在“果子”里，那它是如何传播花粉的呢？对于这个问题，无花果有自己的解决之道。它是依靠小昆虫进行花粉传播的，只不过，小虫子需要从“果子”的顶部爬进去。未经传粉的果子不成熟，不能食用。经过小虫子的帮忙之后，无花果才能发育成果实。我们所说的“果子”，其实是无花果的子房，而不是真正的果实。

小龙崎问道：“哇，龙叔叔，无花果的花还会‘隐身术’呢！既然无花果成熟之后可以食用，它对人体有什么好处呢？”

龙叔叔说：“首先，无花果的营养价值很高，富含糖、蛋白质、氨基酸、维生素和矿物质元素等。无花果的果实中含有18种氨基酸，其中有8种是人体必需的。其次，无花果还可以作为药用食材。无花果的果实中含有大量的果胶和维生素，可以吸附多种化学物质。因此，它可以帮助人体清理肠道中的有害物质，净化肠道，抑制血糖上升。最后，无花果含有丰富的蛋白质分解酶、淀粉酶和氧化酶等酶类。当人们食用荤食过多时，可以食用无花果帮助蛋白质进行分解，从而促进人体的消化。无花果当药材食用还可以止腹泻、治咽喉痛。此外，无花果中含有多种抗癌物质，是研究抗癌药物的重要原料。”

不可不知的事

无花果的传说

很久以前，在阿图什城南的博古孜河畔住着一位维吾尔族果农——库尔班。他拥有自己的果园，并把自己毕生的心血都倾注在这个果园中。根据多年的种植经验，库尔班培植了一种可以治疗多种疾病的水果——圣果。小小的圣果给村民们带来了很大的好处，因此“圣果”这个名字很快就传到了汗宫中。汗王贪婪地想得到圣果，于是下了一道圣旨，要求库尔班将果树移到自己的花园内，否则便将圣果的果树毁掉，并且砍掉库尔班的脑袋。

库尔班不甘心自己辛苦研究出来的圣果就这么没了，便趁着朦胧的夜色，将果树的枝条剪下，并送给了周围的村民种植。第二天天亮时，他将光秃秃的果树移到了汗宫的花园中。

次年春天，到了圣果开花的季节，汗宫中的果树却丝毫没有动静，而库尔班家乡的果园中一片生机。这使汗王怒不可遏，他派人将库尔班抓回宫中严刑拷打，并将果树全部毁掉了。库尔班带着伤回家之后，继续培植圣果果树，并精心管护。眼看就要到开花的季节了，库尔班和村民们却发起了愁：圣果开花后，花香飘到汗宫中，便会给村民带来灾难。库尔班和乡亲们却又没有其他的办法，只能在心中默默祈祷圣果不要开花。

奇迹发生了！当春天来临时，圣果果树确实没有开花，随后还结出了硕大的果实。从此之后，人们便将圣果称为“无花果”。

4 棉花也有彩色的

一天，小龙崎和叔叔龙博士来到了一个村庄，他看到村民们都在田地中摘棉花。小龙崎很兴奋地跑上前去帮忙。

“龙叔叔，我们平时吃的棉花糖跟棉花一样吗？为什么棉花糖五颜六色，而棉花只有白色呢？”小龙崎一边摘着棉花一边问。

龙叔叔看着小龙崎可爱的样子，说道：“棉花糖是用糖精做成的，它怎么能是棉花呢？而且，谁说棉花只有白色呢？它也有五颜六色的，走，我带你去看看彩色的棉花。”

我们通常所见的棉花大多是白色的，其实在自然界中早已存在彩色棉花。这种彩色棉花有一种遗传基因控制的生物特性，可以传递给下一代，也就是我们所说的遗传。它就好比人种的肤色，有黑皮肤、黄皮肤和白皮肤，都是天生具有的。

天然彩色棉花是具有天然色彩的新型纺织原料，它利用了现在生物工程科技培育出来的一种在棉花吐絮时的纤维。其实棉花的祖先就是多姿多彩的，并不是都是白色的。天然彩色棉花的色彩是自身形成的，不需要经过传统的印染、漂白或煮炼等处理。这一化学处理步骤的省略，不仅节省了不少的劳动力，而且对于环境污染的问题更是绝对有利的。一些化学处理方法具有腐蚀作用，而天然彩色棉花能避免这一弊端，因此，它的强韧度很高、很耐用。

20世纪50年代初期，苏联开始研究彩色棉花。20世纪60年代时，美国已经开始利用彩色棉花。到目前为止，彩色棉花已经研制出红、绿、棕、蓝、黑和鸭蛋青六种颜色。美国、埃及和印度等许多国家已开始种植彩色棉花，并在自然界中寻找新的彩棉活体。

听到这里，小龙崎忍不住问道："龙叔叔，我国的彩色棉花的发展历程又是怎样的呢？"

龙叔叔继续讲道："我国具有悠久的棉花种植历史。抗战期间，陕北革命根据地为了打破日寇和国民党反动派的封锁，种植了一种野生棉。这种棉花的颜色为紫蓝色。20世纪70年代时，我国安徽等地种植了少量彩色棉花，用于研究。20世纪90年代时，我国才开始大规模地种植彩色棉花。目前，我国在彩色棉花的种植和应用推广上已经达到了世界领先的水平。"

不可不知的事

天然彩棉制品的优点

现在我们都在倡导"绿色食品"，我们生活中所应用到的一些东西往往也需要"绿色"。天然彩棉恰恰符合这一要求。那么，这种彩色的棉花究竟有什么优点呢？

第一，零污染。天然彩棉在纺织过程中不需要进行人工着色、漂染等化学处理，不含有害物质。

第二，超舒适。天然彩棉的回潮率较高，不带自由电荷，这使人感觉到舒适性高，且没有静电。而且，它可以吸附人体皮肤上的汗水，透气效果极好。

第三，色牢度好。天然彩棉的颜色是由纤维细胞中的色素沉着而成的，从内到外逐渐变浅。因此，它不会受外界环境的影响而出现褪色现象。

5 烟草也有无害的

一天，小龙崎和叔叔龙博士来到一位老先生家中做客。无意间，小龙崎发现这位老爷爷会卷些烟草放在嘴边吸。

“龙叔叔，老爷爷是在吸烟吗？这好像跟我们平时看到的烟不太一样。”小龙崎问道。

龙叔叔给小龙崎解释道：“老爷爷是在卷烟草吸，我们平时看到盒装的烟都是加工好的。”

“哦，龙叔叔，书上说吸烟有害健康。烟草是不是害人的东西啊？”小龙崎又问道。

龙叔叔抚摸着小龙崎的头，说道：“烟草对人体有害，但是它对人体也会有好处。”

在原始社会，美洲人去采集食物时，无意间发现了一种植物叶子。他们摘下一片植物叶子放在嘴里咀嚼，感受到一种强烈的刺激性味道，这使得他们的精神旺盛起来。此后，美洲人经常咀嚼这种植物，以至于成为一种嗜好，也就是我们平常所说的“上瘾”。

在我们现在的生活中，时常会看到吸烟的人。人们都说吸烟有害健康，可是烟草真的只有害处而没有好处吗？如果这么想的话就错了，烟草还是一种经济价值较高的作物。

第一，烟草是重要的模式植物。在遗传、繁育、生理、生化和后期采收代谢方面，烟草有着自己独特的性质。烟草种子的染色体里有许多标记性基因，可以作为遗传学研究的材料，为科学研究提供了许多便利。

第二，烟草具有食用价值。烟草的叶子中含有大量的蛋白质，分为可溶性蛋白和不溶性蛋白，前者占较大的比例。一些研究结果表明，烟叶的蛋白质比鸡蛋、乳酪和牛奶更适合人体吸收利用。因此，人们可以提取烟草中的蛋白质制作多种食品。而且，烟草的再生能力强，一年可多次收获。

第三，烟草有重要的药用价值。烟草中含有治疗心肌梗死等心脏病的特效药物“泛琨”，且烟叶中的烟碱具有使精神兴奋和镇静两方面的温和作用。烟碱不仅可以缓解帕金森氏综合征、溃疡性结肠炎等疾病，而且还可以杀菌、止血、防治农作物虫害病等。烟叶中的蛋白在清除自由基、防护红细胞溶血、保护化学性肝损伤等方面都有很好的效果，且利于肾脏病人和烧伤病人康复使用。

第四，用烟草可提取工业原料。烟叶中含有柠檬酸和苹果酸，而这两种物质恰恰是食品工业用量巨大的原料之一，比如作碳酸饮品中的添加剂。烟叶中还可提取烟酸，作为面粉添加剂，提高其营养价值。另外，烟草植株中含有大量的植物纤维，从烟籽中可以榨取含有刺激性的薄荷味的油脂，可以将其制成肥皂和油漆。

第五，运用生物技术处理烟草改良污染土壤。土壤中往往会含有一定的污染物，人们可以将高吸附能力的基因转入到烟草中，从而达到改良土壤的目的。但是，土壤得到改良了，烟草中不就含有大量的污染物了吗？人们可以将烟草统一处理销毁，一些污染物质可以回收。

“哇，龙叔叔，烟草的好处这么多啊！”小龙崎感叹道。

不可不知的事

吸烟有害健康

在我们的生活中，随处可见吸烟的人们。烟草的好处很多，但是在制成的香烟中含有的有害物质高达2000多种，其中烟焦油和一氧化碳对人们身体的损害最严重。有些人想要戒烟却又戒不掉，是什么物质让这些人“上瘾”呢？这种能够使人“上瘾”的物质就是尼古丁。从吸烟人的生理方面来看，尼古丁的确有着特殊的吸引力；而从心理方面来看，有的人把吸烟当成了一种习惯；从社会交往方面来看，吸烟在很多场合中是人与人之间的一种社交手段，等等。而这些不良的习惯，往往会给人们的身体带来不可弥补的伤害。吸烟的时间和烟量与对人体的危害成正比。吸烟的时间越长，量越大，对人体的伤害就越大。而且，“二手烟”对周围人群的危害更大。一些肺癌、气管炎等肺部疾病，往往与烟有很大的关系。因此，戒烟于人于己都是有益的。而坚定的意志力，是必不可少的。对于一些烟瘾厉害的人，可以用戒烟药缓解。

6 病毒并不是最小的

龙崎的问题

一天，小龙崎生病了。在医院内，医生说小龙崎没什么大事，只是轻微的病毒感染。这句话被好奇的小龙崎听到了，他不顾自己正生着病，追着龙叔叔问起了问题：“龙叔叔，病毒是什么啊？很可怕吗？我想看看它。”

龙叔叔看着小龙崎说：“小龙崎，病毒是一种微生物。它特别小，我们用肉眼是无法看到的。”

小龙崎对于这个答案似乎不太满意，继续问道：“龙叔叔，那它是最小的微生物吗？您给我讲讲吧。”

病毒是非细胞型微生物，它的个体微小，以纳米为测量单位，且结构简单，只含单一核酸。但是它很挑剔，必须在活细胞内寄生并以复制方式增殖。病毒主要由内部的遗传物质和蛋白质外壳组成。由于病毒是一种非细胞生物体，因此，对于单个病毒个体，我们就不能称之为“单细胞”。但是，单个病毒个体需要有一个名字，于是就产生了“病毒粒”或“病毒体”的称呼。病毒粒专指成熟的、结构完整的和有感染性的单个病毒。它的核心是核酸，在核酸的周围包裹着蛋白质，形成了衣壳。对于病毒粒来说，衣壳就是“支柱”，支撑着病毒粒的主要结构和抗原成分，并且有保护核酸的作用。

病毒同所有生物一样，具有遗传、变异、进化的能力。虽然它的体积很小，结构也很简单，但是它的寄生性很强。它依赖宿主细胞的能量和代谢系统，从而获得自己所需要的能量和物质，然后离开宿主细胞。病毒是介于生物与非生物之间的一种原始的生命体，在它遇到宿主细胞的时候，它的生命特征就会暴露无遗。这时，我们可能就会想，像它这么微小的生物体会有什么特征？它会通过吸附、进入、复制、装配、释放子代病毒达到自己存活的目的。

小龙崎问道：“病毒这么厉害，龙叔叔，有什么办法消除它吗？”

龙叔叔点点头，回答道：“在这方面，医学家做了大量的研究与实验，也发现了一些有效的方法和药物。细菌滤器是一种专门过滤细菌的小物件，但对病毒而言却不适用，它可以轻松逃脱。它自身没有蛋白质和酶系，只能在宿主细胞内才得以合成核酸和蛋白质。而且，它只有在核酸和蛋白质的协助下才可以进行繁殖。因此，要想将病毒铲除，一般的抗生素可不行，需要用干扰素。”

不可不知的事

病毒的发展历史

在公元前2～3世纪时，就已经有了关于病毒引起疾病的记录。但是，直到19世纪时，人们才对“病毒”这个微生物重视起来。1884年，法国微生物学家查理斯·尚柏朗发明了一种细菌无法滤过的过滤器，有效地将液体中的细菌隔离出来。1892年，俄国生物学家伊凡诺夫斯基发现一种植物被感染，但是隔离出细菌之后，仍然存在感染现象。于是，他认为这种现象是由细菌分泌的另外一种毒素所导致的。1898年，荷兰微生物学家马丁乌斯·贝杰林克重复了伊凡诺夫斯基的实验，并相信自然界存在一种新的感染性物质。他还发现这种新物质只在分裂细胞中复制，并将这种新物质称为“病毒”。20世纪早期，英国一名细菌学家发现了可以感染细菌的病毒，称其为“噬菌体”。

1931年，美国科学家温德尔·斯坦利、德国工程师恩斯特·鲁斯卡和马克斯·克诺尔发明了电子显微镜。这给他们帮了大忙，人类首次得到了病毒形态的照片。1935年，美国生物化学家和病毒学家斯坦利得到病毒晶体。随后，他将病毒成功地分离为蛋白质部分和RNA部分。1957年，人们发现了马动脉炎病毒和导致牛病毒性腹泻的病毒。1963年，巴鲁克·塞缪尔·布隆伯格发现了乙型肝炎病毒。随后，不断有一些新的病毒被发现。人类对病毒的认识也越来越全面。

7 蜇人马蜂不是害虫

小龙崎病好了之后，精力更加旺盛了。一天，他和叔叔龙博士一边走着一边说着话，不知不觉走到了一片花园处。龙叔叔指着花问小龙崎：“小龙崎，你看那是什么？”

小龙崎抬头看了看，说：“龙叔叔，那不就是花吗？”

龙叔叔说：“你再仔细看看。”

小龙崎刚要走过去看，突然，从花瓣上飞出了一个小虫子。小龙崎仔细一看，是一只黄色的蜜蜂，他大叫一声：“龙叔叔，有蜜蜂！”

龙叔叔看着小龙崎的样子，笑着说：“小龙崎，不要害怕，这是‘黄蜂’，是马蜂的一种，因身体颜色一般呈黄色而得名。我给你介绍一下马蜂吧。”

马蜂的分布范围较广泛，是一种飞翔速度较快的昆虫。它的“兄弟”也很多，目前已知有2万多种。它的名字更是多种多样，不同地区的叫法各不相同，比如“胡蜂”“蚂蜂”等。

绝大多数的马蜂为独栖。马蜂的幼虫主要以昆虫为食，成虫则以花蜜为食。马蜂的成虫一般呈黑、黄、棕三种颜色相结合。从外观上看，马蜂的成虫体具有昆虫的标准特征，有头部、胸部、腹部、三对脚和一对触角。马蜂的口器发达，为咀嚼式。它的上颚比较粗壮，在胸腹之间有一对发达的翅膀，这就使得马蜂的飞翔速度很快。但是，雄性马蜂与雌性马蜂有所不同。雄性马蜂的腹部为7节，而雌性马蜂的腹部为6节。在它们的腹部末端有一个螯针，是由产卵器形成的。螯针上连毒囊，可以分泌毒力较强的毒液。

马蜂螯针的毒素可以引起人体肝脏、肾脏等器官功能衰竭，因此，人们一般都对它敬而远之。我们都知道，蜜蜂蜇人之后就会死了，但是马蜂却不同。在它的毒刺上没有毒腺盖，它可以多次对人进行袭击。

听到这里，小龙崎问道：“龙叔叔，马蜂蜇人这么厉害，那它是害虫吗？”

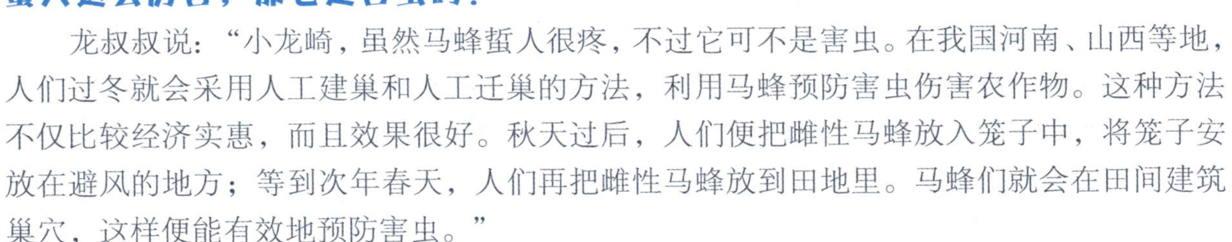

龙叔叔说：“小龙崎，虽然马蜂蜇人很疼，不过它可不是害虫。在我国河南、山西等地，人们过冬就会采用人工建巢和人工迁巢的方法，利用马蜂预防害虫伤害农作物。这种方法不仅比较经济实惠，而且效果很好。秋天过后，人们便把雌性马蜂放入笼子中，将笼子安放在避风的地方；等到次年春天，人们再把雌性马蜂放到田地里。马蜂们就会在田间建筑巢穴，这样便能有效地预防害虫。”

小龙崎听完后，若有所悟地点了点头。

不可不知的事

被黄蜂蜇伤后怎么办？

黄蜂腹部的毒针就好像是一支针管，刺入人体皮肤后，会使人感到剧痛。这种剧痛的感觉并不是来源于黄蜂毒针的刺入，而是因为黄蜂利用毒针在人体皮肤内注入了毒液。这种毒液的刺激性较强，因此人们会有剧痛的感觉。虽然黄蜂很小，但是我们也不能小看这些毒液。它有可能会引起人体局部组织坏死，严重过敏者会引起急性肾功能、肝功能衰竭。

如果我们不小心被黄蜂蜇伤后，不要不以为然，一定要仔细检查蜇伤处，将毒液挤出来。黄蜂的毒液为碱性，我们应该准备一些酸性物质，比如食醋进行涂抹；如果黄蜂蜇伤的地方比较严重，我们应该在近心端结扎止血带，以防止毒液四处扩散。但是为了防止结扎时间过长，导致组织坏死，应该每隔 15 分钟放松一次，结扎的时间不得超过 2 个小时。如果我们感到剧痛，无法忍受时，可用 0.1%的利多卡因或 0.5% ~ 1%的普鲁卡因局部封闭，并及时到医院就诊。

8 鸳鸯也会分手

一天，小龙崎和叔叔龙博士走到一个小湖边，看到小湖上有两只“鸟”在那漂浮嬉戏。小龙崎忍不住说道：“哇，这两只‘鸟’长得真漂亮！”

龙叔叔听到小龙崎的话后，忍不住“噗”的一声笑了：“傻孩子，那是鸳鸯。”

小龙崎一听到“鸳鸯”两个字，立刻激动了起来：“龙叔叔，鸳鸯啊？我听过，但是我是第一次看到。您给我讲讲吧。”

龙叔叔看着小龙崎好奇的样子，笑着点头答应了。

鸳鸯的体型比较小，一般体长 41 ~ 49 厘米，翼展 65 ~ 75 厘米，与鸭子相像。它身上的颜色很鲜亮，给人“眼前一亮”的感觉。鸳鸯的喙为少见的鲜红色，在鸳鸯的头部后面有着不同颜色的羽冠，由暗绿到紫色逐渐呈现出来，就像一个颇具个性的“头套”。鸳鸯身体的颜色也各不相同，它的上体为深褐色并带有绿色的金属光泽，而下体的颜色较浅，颜色差别很明显。鸳鸯的身体还有一个典型的特征，就是在其背部竖立着一枚面积很大且颜色鲜亮的帆状三级飞羽。

我们都知道，一般女生比男生更爱美。但是，鸳鸯却恰恰相反，雄性鸳鸯往往比雌性鸳鸯的颜色更好看。我们所说的帆状三级飞羽，也仅仅只是出现在雄性鸳鸯的身上。雌性鸳鸯的辨识特征是鲜明的白色贯眼纹。

鸳鸯一般生活在针叶林或者阔叶林附近的湖泊处。它们天生喜欢热闹，经常成群活动。有时候，鸳鸯还会跟野鸭在一起嬉戏打闹。一般在晨雾还未散尽的时候，鸳鸯就会出来，成群聚集在湖面上。有时它们安静地漂浮在水面上，有时则会飞到树林中觅食。鸳鸯的生活并不单调，它们之间也会嬉戏打闹，用翅膀在水面上扑出水花。傍晚的时候，它们就会飞到周围的丛林中养精蓄锐。有趣的是，鸳鸯有时会在水面上漂浮时打盹“偷懒”。

鸳鸯是一种很机敏的小生物，它的飞行本领很强，喜欢隐蔽在某一个地方。它们还有自己的队伍，比如饱餐之后，它们就会返回到自己休息的丛林中。但是在它们返回丛林之前，会有一对鸳鸯在空中视察情况，确定没有危险后，大群的鸳鸯才会返回丛林休息。如果有危险，那怎么办呢？这个我们不用担心，它们也有自己的报警语言。情况不妙时，负责侦察的两只鸳鸯会发出“哦儿、哦儿”的叫声，以提醒自己的同类。

“龙叔叔，鸳鸯是成对出现的吗？我常在书上看到‘只羡鸳鸯不羡仙’的话，有什么寓意呢？”小龙崎问道。

龙叔叔说：“鸳鸯在人们的心目中，象征着夫妻恩爱、白头偕老。人们时常送一些鸳鸯图案给自己喜欢的人，表达自己的爱意。很多人认为，鸳鸯结为夫妻之后，就会一辈子在一起，无论遇到什么事情都不会分开。但是，这种想法是错误的。鸳鸯虽然是成双成对地出现，但是它们在交配成功后，就会分开。雌性鸳鸯为即将出生的宝宝建巢安家，而雄性鸳鸯则会去寻找下一位伴侣。由此看来，它不仅不忠诚，而且还很‘花心’。”

小龙崎不可思议地睁大了双眼，感叹道：“真是想不到啊！”

不可不知的事

鸳鸯的繁殖

鸳鸯在冬季的时候会飞到南方食物充足的地方过冬。春季来临，万物复苏，鸳鸯这时就开始寻找自己的配偶，之后它们便会成对出现在水中和树林中。时至4月，北方的天气还比较寒冷，不过鸳鸯并不担心，依旧来到北方生儿育女。

雌鸳鸯确定自己的繁殖地点后，就会开始建巢。一般它们会将巢建在大树的树洞里。5月末，它们正式繁殖后代。鸳鸯每次可产7～12枚卵，孵化期为28～29天。在这不到一个月的时间内，雌鸳鸯专心孵化幼鸟。幼鸟出生后，只需要在巢中停留数天便可以离开巢了。这时我们就可以看到，鸳鸯妈妈会带着6～7只雏鸟在河边活动。

9 河蟹不在河里

小龙崎和叔叔龙博士在河边散步，他们看到了各种奇怪的水生小生物和一些植物。他们不停地走着，走到一位正在河边钓鱼的老伯身边，无意中听到老伯正在说河蟹的事。

河蟹生长在江河、湖泊的泥岸洞穴中

"龙叔叔，我刚才听到那位老伯伯说到河蟹，河蟹是什么啊？它生活在河里吗？"小龙崎问道。

龙叔叔说："既然你想知道，叔叔就带你去看看吧！"

河蟹是一种大型的甲壳动物，隶属甲壳纲。它由头胸部和腹部两部分组成，身体分 21 节。那么，什么是头胸部呢？由于河蟹的头部和胸部是相互愈合生长的，因此这两部分合为一体，就是"头胸部"。它的头胸甲平均长 6 ~ 7 厘米，宽 7.5 厘米。河蟹成虫的背面为墨绿色，腹部发白。

河蟹生长在江河、湖泊的泥岸洞穴中，有时会隐藏在水草丛里。它最大的本领就是掘穴，这也是其预防敌害的方法。它主要在夜间活动。河蟹的生命短暂，一般为 1 ~ 3 周龄。在河蟹的一生中，需要经历四个阶段，即蚤状幼体、大眼幼体、幼蟹和成蟹。它的一生只有一次生殖周期，繁殖过后，生命也很快就终止了。

幼蟹的性腺没有发育，因此很小，它的肝脏重量要远远大于生殖腺重量。在幼蟹第一次蜕皮之后，就成了"绿蟹"，其性腺也随之发育成熟。雌蟹腹部边缘的刚毛长而密，腹部完全覆盖头胸甲。而雄蟹的步足刚毛粗长，螯足绒毛稠密。

“龙叔叔，原来河蟹并不是生活在水中。那它们吃什么东西呢？”小龙崎问道。

龙叔叔说：“河蟹白天会在自己的巢穴中隐藏，到晚上的时候再外出觅食。它的食性很杂，水草、腐殖质等都可以吃，一些动物的尸体更是它们的最爱。像一些食螺、蚌子、蠕虫、昆虫等都是它们的食物。甚至有时候，在食物很少、同类很多的情况下，它们就会争夺食物，互相残杀，吃掉自己的卵。在环境舒适的情况下，河蟹的食量很大，可以吃掉数只螺类。同时，它们忍耐饥饿的能力也很强。如果食物匮乏，它们可以持续10天不进食。河蟹有一个习惯很奇怪：在陆地上，它们并不喜欢摄食，一般都是将食物拖到洞穴边才开始摄食。你知道吗？河蟹也是我们人类的食物。”

不可不知的事

螃蟹为什么要横行？

世界上的蟹类动物有很多种，最为常见的是螃蟹。我们都知道，螃蟹的行走方式与众不同，用“横行霸道”来形容再恰当不过了。那么，螃蟹为什么横行呢？

其实，螃解横行与自身的生理构造有很大关系。我们知道，螃蟹的四对步足八条腿是从胸部向左右两侧横向排列的，每条腿由七个关节组成，只能够向下弯曲，不能够任意伸展。螃蟹爬行时，往往先用一侧的步足抓住地面，再伸起另外一侧的步足，支撑身体沿步足的方向前进。于是，只能是向左或向右运动，而不能向前或向后。当然，螃蟹在实际生活中，也不都是横行的，在遇到障碍物或遭遇敌害的情况下也会改变前进方向。原来螃蟹的步足有长有短，通过调节各步足的用力大小，就可改变方向。也因为每对步足的长短不同，所以螃蟹爬行起来总是斜的。

10 大熊猫也吃肉

小孩子都有玩耍的心，小龙崎也不例外。这一天，小龙崎特别想看大熊猫。于是，他跑到博士龙叔叔的房间里说："龙叔叔，我想看看大熊猫，您能带我去吗？"小龙崎露出可怜的样子。

龙叔叔笑着说道："好，没问题。正好也让你了解了解大熊猫。"

在去往动物园的路上，小龙崎不停地问着关于熊猫的问题："龙叔叔，熊猫只吃竹子吗？它还吃别的东西吗？"

这一次，龙叔叔没有直接回答他的问题，而是直接带他去观察熊猫了。

熊猫是我国的"国宝"。但是，它的学名并不是"熊猫"，而是"猫熊"。"猫熊"这个名字的由来也很简单，就是因为它有着熊的本质、猫的外貌，而且看起来很温顺。那"熊猫"这个名字又是怎么来的呢？

据说，在新中国成立前，重庆北碚博物馆曾经展出猫熊标本：

众多记者和参观者都前来观赏。我们平时写字都是自左向右写，而在这个标本的说明牌上，“猫熊”两个字却是自右向左写的。于是记者们在报道中，把“猫熊”两个字写成了“熊猫”。各个报道播出后，“熊猫”一词代替了“猫熊”，成为家喻户晓的动物名称。因为形成了这种习惯，人们也无法再改正，于是就将错就错，将“猫熊”称为“熊猫”。

小龙崎了解到“熊猫”这个名字的由来后恍然大悟，说道：“原来是这样！龙叔叔，那熊猫是不是跟熊一样也爱吃肉呢？”

龙叔叔说：“我们现在在动物园里或者电视上看到的熊猫都是食草动物，爱吃竹子，但是熊猫的本质是熊。最早的熊猫是以肉为食的动物，它的主支是在我国的中南部由拟熊类演变而成的。大约在300万年前，熊猫的体形比我们看到的还要小，从它的牙齿形状，可以推断出它是杂食兽，即肉食和竹类植物都可食用的动物。此后，在华北、西北、华东、西南、华南以至越南和缅甸北部都发现了熊猫的化石。而这些化石向人们表明，在这一过程中，熊猫仍在不停地进化，它适应了亚热带竹林的生活。现在我们看到的熊猫就是主要以竹子为食的，但是它也吃肉。”

不可不知的事

“黑白”大熊猫的传说

古时候，一只大熊猫在田间玩耍，被一只凶猛饥饿的豹子看到了。虽然熊猫的个子很大，但是在被饥饿折磨到发疯的豹子面前，却不是对手。正在熊猫快要被豹子咬死的时候，被四位年轻的牧羊女看到了。这四位牧羊女勇敢地将大熊猫救了出来，但是自己却失去了宝贵的生命。其他的熊猫听到这个消息之后，为了纪念这四位牧羊女，决定举行一场葬礼。

当时，熊猫身上的毛为纯白色，没有一点其他颜色的斑纹。但是，它们为了表示自己的真诚和崇敬，在葬礼当天纷纷戴着黑色的臂章。葬礼上，四位牧羊女的感人事迹，使它们不停地落泪。当眼泪与黑色臂章融合在一起时，就变成了黑色。它们用戴臂章的手臂去擦拭眼泪时，眼睛周围就出现了黑色的斑纹。后来，它们拥抱在一起哭泣，结果被臂章碰到的地方都成了黑色。

葬礼结束后，它们不仅没有将眼睛、耳朵和身上的黑色擦洗掉，反而当做纪念四位牧羊女的标志留了下来。它们要让自己的子孙后代永远怀念这四位牧羊女，于是这黑色的斑纹便一代一代地传承了下来。

11 金鱼嘴里有牙齿

一天，小龙崎和叔叔龙博士走到一个卖鱼的市场，小龙崎看到一个鱼缸中的金鱼特别漂亮。他跑到鱼缸那里开始与鱼儿玩耍。

“金鱼的嘴巴一张一张的，好圆啊！龙叔叔，您说它嘴巴里有牙齿吗？”

龙叔叔看了看金鱼，反问道：“小龙崎，你说呢？仔细观察一下金鱼吧！”

在我们的日常生活中，时常会看到金鱼，它与我们的生活已经密切相关。早在石器时代，我国就有了关于金鱼的记载。当时，鱼是人们的食物。人们在捕鱼的过程中，对鱼也有了一定的了解。人们发现在野生鱼当中，总会有一些颜色发生变化的鱼。有一些变成了金色，有一些则变成了红色，人们便将金色和红色的鱼统称为“金鱼”。随着时间的流逝，金鱼在体形、颜色等方面不断地发生变化，随后出现了黑色、花色、白色等多种颜色，而且，身体也发生了变化，直到现在我们看到的各种各样的美丽的金鱼。也可以说，金鱼是天然的活艺术品。

金鱼其实是有牙齿的，但是它的牙齿不叫“牙齿”，而叫作“咽喉齿”。咽喉齿又有很多名字，比如“咽齿”“咽头齿”和“下咽齿”等。这是因为它的牙齿并不在嘴中，而是在口腔内下咽骨的内面，而下咽骨是由鱼类的第五对鳃弓角鳃骨扩大形成的。鱼的种类不同，食性就会不同，而食性正影响着咽喉齿的形状，可分为一行、二行或三行。同时，

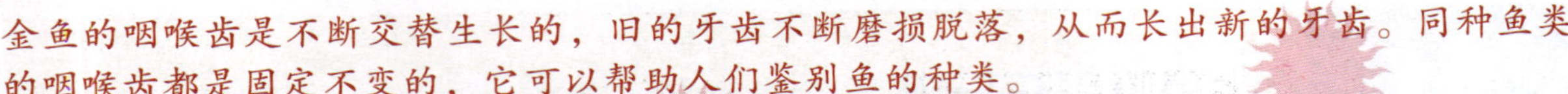

金鱼的咽喉齿是不断交替生长的，旧的牙齿不断磨损脱落，从而长出新的牙齿。同种鱼类的咽喉齿都是固定不变的，它可以帮助人们鉴别鱼的种类。

“嗯，龙叔叔，金鱼的咽喉齿是什么样子的呢？我们可以自己养金鱼吗？”小龙崎问道。

龙叔叔说：“金鱼的咽喉齿的整体颜色为白色，齿部呈棕红色，为片状带齿。另外，你想养金鱼的话，就必须了解它的生活习性。”

不可不知的事

金鱼的生活习性

第一，金鱼虽然不会说话，但是它很害怕孤独，因此，家养金鱼就需要多条一起养。

第二，金鱼是变温动物，对水温的适应能力较强。但是，水温的差别需要有缓冲性，不能忽冷忽热。在冬季的时候，要保证水温在5℃以上。

第三，水的温度适宜，则会滋生细菌。因此要时常换水，以保证水质良好；否则，水中的溶解氧会使金鱼死亡。金鱼比较耐碱，因此碱性水质比较适合它的生长，但是碱度不能过高，pH值要低于8.5。

第四，金鱼的食性较广，面包屑、米饭、蔬菜叶等都可以吃，但是不要投油腻的饵料。饵料投入的量也需要控制，每天投一两次即可；否则，剩余过多的饵料会影响水质。

另外，金鱼是温柔的鱼类，但是在孕产期则会出现反常性格，变得凶猛好斗。因此，孕产期的金鱼需要单独喂养。

三、常识里的
大错误

1 金属不一定都是固体的

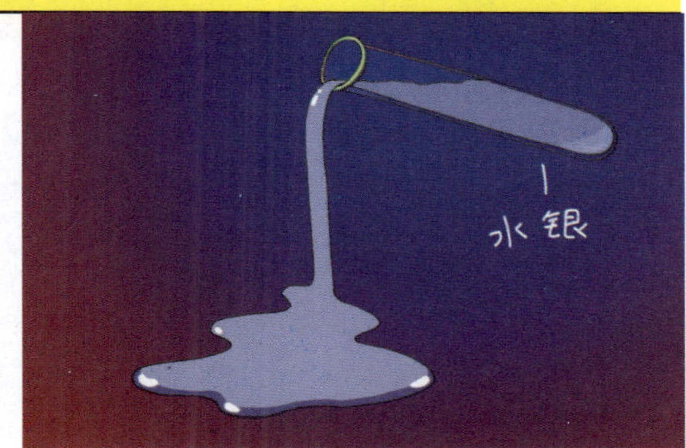

小龙崎和叔叔龙博士走到了一家集市上，看到了街边贴着收购固体金属的广告。小龙崎心里开始嘀咕：不是固体金属，难道还有液体金属啊？于是，他赶紧向龙叔叔请教："龙叔叔，那纸上写着'收购固体金属'，什么是固体金属啊？难道还有其他金属吗？"

龙叔叔回答说："是啊，小龙崎。虽然一般我们看到的铁、铜、铝等都是固体金属，但是，也有液体金属，比如水银。"

"那水银到底是什么样子的呢？"小龙崎问道。

我们发烧去医院看病时，医生往往会拿出一支体温表让我们量体温，它里面就含有水银。把体温表摔坏后，就会看到有一个个小圆球流出来，这些小球还可以合并到一起，很有趣。这种小圆球叫作"汞"，又称"水银"。在众多的金属中，水银具有一定的独特性。它的熔点是最低的，只有 −38.87℃。在常温情况下，水银的外表像银珠，呈液态并可以流动。

水银的内聚力很强，在空气中具有一定的稳定性。但是，水银的蒸汽却含有剧毒。它具有强烈的亲硫性和亲铜性，可溶于硝酸和热浓硫酸。在常态下，水银很容易与硫和铜的单质生成稳定化合物，因此，用硫单质可以处理撒漏的水银。那么，水银是从哪里来的呢？

在自然界中，有少量的自然水银，另外，将辰砂矿与碳混合加热便可得到水银。

水银的应用比较广泛，可用于制造科学测量仪器，比如气压计、温度计；在冶金工业上，可以利用水银提取金、银等金属；在化学工业上，可以用水银制取烧碱和氯气；此外，在医药方面，水银的化合物可以消毒，并且有利尿和阵痛的作用。在中医方面，水银还可以作为治疗恶疮等疾病药物的原料。不过，水银的开采与冶炼对空气、土壤、水质等都有污染。

听到这里，小龙崎问道："龙叔叔，水银有什么特点吗？"

龙叔叔回答道："水银在自然界中普遍存在，一些动物、植物体内都含有微量的水银。这些水银可以通过排泄等方式代谢出来，并不影响健康。水银不溶于水，它同其他金属也大不相同，其导电性也很差。水银与普通金属可以形成合金，而与金属铁却恰恰'不合'。水银在高温情况下，会蒸发得特别快，温度每增加10℃，它的蒸发速度会增加1.2～1.5倍；水银的黏度小而流动性大，很易碎成小碎珠。不过，这些小碎珠可不老实，它会无孔不入地流到地面等缝隙中，很难清除。水银的蒸汽可以被天花板、墙壁等吸附，人体皮肤和衣物也可将其吸附。因此，我们需要严加注意。"

不可不知的事

墓葬灌水银

根据西方化学史的资料记载，在埃及古墓中发现一小管水银，产于公元前16～前15世纪。根据我国古文献记载：古时，一些王侯会在墓葬中灌输水银，比如，齐桓便在公墓中倾水银为池。这样，一来可以防止尸体腐烂，二来可以防盗墓。

1973年，长沙马王堆汉墓出土的帛书中有《五十二药方》，其中有四个药方中就应用到了水银。一些炼金术士认为，水银是金属性——一切金属的共同性——的化身。

在我国古代，劳动人民把丹砂在空气中加热，从而得到了水银。但是，水银的挥发性很强，因此没有办法收集。当时，人们也已经了解到水银的蒸汽有剧毒，随着不断的研究，他们开始改用密闭方式制造水银，比如在竹筒或石榴罐中。

2 味精一点儿也不简单

小龙崎和叔叔龙博士到一家餐馆吃饭，小龙崎吃了一口菜，说道：“龙叔叔，这菜真好吃，厨师的技术真高！”

龙叔叔笑了笑，说道：“小龙崎，菜好不好吃取决于厨师，但是也离不开调味料。没有盐，你吃到的菜将食之无味；没有味精，你吃到的菜也将没有这么鲜。”

小龙崎停下了筷子，问道：“龙叔叔，味精是什么做的啊？它跟盐是一类的吗？”

龙叔叔说：“嗯，它们都属于调味料。它们可都不简单。”

味精是调味料的一种，又被称为“味素”。味精的成品就是白色的晶体状颗粒，它是国内外厨艺界必不可少的调味料。它的主要成分是谷氨酸钠。谷氨酸钠又叫“麸氨酸钠”，是氨基酸的一种，也是蛋白质的最后分解产物。

人体可以自产谷氨酸，但是它是以络合状态存在于富含蛋白质的食物中，比如我们日常生活中经常见到的蘑菇、海带、坚果、西红柿、豆类和肉类等。食物与食物之间的谷氨酸性质并不一样，部分食物中的谷氨酸以自由形态存在，我们平时炒菜提味所需要的谷氨酸正是这种。

我们平时吃的食盐与400倍的水稀释后，我们就感觉不到咸味了；蔗糖与200倍的水稀释后，我们也感觉不到甜味了。但是谷氨酸却不同，即使用3000倍的水与其进行稀释，我们仍然可以感觉到鲜味，因而人们将它称为“味精”。

小龙崎问道：“龙叔叔，味精这么鲜，对人体会有害吗？”

龙叔叔说："有的科学家认为，味精的主要成分为谷氨酸钠，如果将其放入100℃以上的高温中加热半个小时，则会生成焦谷氨酸钠，对人体有轻微的影响；如果味精在碱性的环境中，则会产生谷氨酸二钠，摄取过量也可寻致其他疾病。但是，科学界对这种说法的意见并不完全一致。2012年，科学传播公益团体——科学松鼠会表示味精是高纯化发酵的产物，对人体无害。科学家们对于味精的安全性也进行了许多研究，结果表明并没有危害。只是个别动物在'超大剂量'的实验时，出现了神经毒性的症状。"

"嗯，龙叔叔，我明白了。不过，还是适量为好啊！"小龙崎说道。

不可不知的事

味精的诞生

1908年的一天中午，日本一名化学教授池田菊苗准备吃饭，他的妻子端出一盘海带黄瓜片汤。由于在上午完成了一项实验，他的心情在此时此刻特别舒畅。当他喝到这个汤的时候，品出了点味道。他发现今天的汤很鲜美，最初他以为是自己的好心情影响所致，后来他又仔细品尝了几口，认为今天的汤确实要鲜美一些。在这个时候，他的职业习惯上来了，他回到实验室开始对海带进行研究。

半年后，池田菊苗在海带中提取了一种叫作“谷氨酸钠”的化学物质，如果将其加入汤中，会增加鲜味。随后，他就开始自己其他的工作。当时，有一位名叫铃木三朗助的商人与他人正在商量研究从海带中提取碘的生产方法。在他看到池田教授的研究成果后，他改变了主意，不进行提取碘的研究了，而是开始进行谷氨酸钠的提取实验。

铃木与池田就此携起手来开始了谷氨酸钠的生产。但是，海带中的谷氨酸钠毕竟占少数，他们发现在大豆和小麦的蛋白质里也含有这种物质。池田和铃木的合作很成功，不久之后，一种叫“味之素”的商品出现了。

很快，“味之素”传进了中国。一位名叫吴蕴初的化学工程师买了一瓶“味之素”回去研究，经化验发现就是谷氨酸钠。他利用一年多的时间独立发明了一种生产谷氨酸钠的方法，并将之叫作“味精”。

1923年，吴蕴初向市场推出了中国的“味之素”——“佛手牌”味精。

3 空气也可以杀人

这天早上，小龙崎和叔叔龙博士出门一看，外面好大的雾，而且呈淡黄色。小龙崎深深地吸了一口气，却遭到了龙叔叔的阻止。

“小龙崎，这空气是有毒的，你不能这么使劲吸气！”龙叔叔说。

大气是由一定比例的氮气、氧气、二氧化碳、水蒸汽和固体杂质微粒组成的混合物。在标准状态下，不同气体在空气中的比例是不同的。不过，大自然的变化往往会引起大气成分的变化。通常来讲，大自然的这种变化只是局部的，并不会持续太久。

随着科技的发展和人们生活水平的提高，现代工业和交通运输工具层出不穷，同时向大气中排放的物质数量也越来越多。种类的增多和复杂化容易引起大气成分的急剧变化。当大气的正常成分受损严重时，就会对人体健康、动植物生长造成危害。

造成空气污染的原因有很多，主要有以下几个方面：工业生产中的烟尘、硫的氧化物、氮的氧化物等排放到空气中，会对空气造成严重污染；我们日常生活用的炉火需要消耗大量煤炭，而煤炭在燃烧过程中会释放出一氧化碳等有害物质，这对空气也有严重污染；交通运输工具增多，排放物随之增加，也会加重空气污染。此外，自然灾害也是不可避免的污染源。

小龙崎又问道："龙叔叔，空气污染这么严重，对天气、植物和人体有什么危害吗？"

龙叔叔点点头说："嗯，当然有危害了。大气污染对天气和气候的影响是十分显著的，不仅可以减少到达地面的太阳辐射量，而且还将增加大气的降水量，严重时则会下酸雨。我们看电视时，时常会听到'热岛效应'这个词语，这正是由于大量污染物排放到空气中造成温度升高的结果。对于植物来讲，空气中的污染物会使植物产生慢性危害，比如叶片变黄。而当污染物的浓度高时，会使植物的生理机能受影响，使其产量下降；大气污染物对人体的危害是多方面的，主要表现为呼吸道疾病和眼睛、鼻子等黏膜组织疾病。如果空气中污染物的浓度很高，则会造成人们急性中毒，甚至夺去人的生命。"

小龙崎深思了一下，说道："龙叔叔，空气污染这么严重，甚至可以'杀人'，我们必须要采取措施预防啊！"

不可不知的事

如何防止空气污染？

第一，从自己做起。我们要做到不乱废弃物，出门时尽量少开车，多乘坐公共交通工具，尽量降低自己的某些不必要的生活要求，以达到低碳生活。

第二，绿化造林。平时，多参加植树造林活动。树叶可以吸附空气中的一些污染物，并且能使风速降低，灰尘降落。这样便可以使空气得到净化。

第三，工业区建设要合理。一些排放污染物的工厂，在建立时要合理规划，比如厂址的选择、烟囱的设计等。

第四，自净能力要提高。大气对污染物的容量不同，所接受的浓度也各不相同。污染大的厂矿企业应建立在风力大、通风好、对流强的地区和时段，这样可以使其污染物尽快扩散稀释。

第五，减少污染物的排放量。应尽量避免使用一些含有污染物的燃料，多采用无污染能源，比如太阳能、风能等。在污染物使用不可避免的情况下，可以采取除尘消烟技术、液体吸收技术等措施消除空气中的部分污染物。

4 白天也会开的夜来香

这天，天气很不好，阴沉沉的，似乎要下雨。小龙崎和叔叔龙博士一边走一边观察着周围的花花草草。小龙崎看到一种好像喇叭一样的花，好奇地问道："龙叔叔，您快看，这朵花好像喇叭一样，真好看！"他使劲闻了闻，"好像还很香。"

龙叔叔听到后，看了看说道："小龙崎，它的名字叫'夜来香'，主要在夜间开花。既然你很好奇，我就给你讲讲吧。"

我们从夜来香的名字中可以得知，在夜间的时候，它会散发出香味。那么，它有什么特点呢？

夜来香的枝条从外观上来看，柔弱不堪，表面有一些小细毛。当我们把它的枝条弄断之后，就会有乳白色的汁液流出，就好像牛奶一样。它的叶子是成对长的，叶片较宽，边缘有细毛。花冠裂片有5个，副花冠裂片有5个，花粉块每室1个。

夜来香喜欢温暖、湿润、通风良好、阳光充足的地方，多生长在林地或灌木丛中。虽然它对于生长条件的要求比较高，但是它耐旱，不耐寒。冬季时，夜来香的叶子会停止生长，等到春暖花开时，再继续生长，在它的枝条上会有腋芽或花芽。等到夏季来临时，夜来香会断断续续地开放，花期可以持续到秋季。夜来香开花后，香气四溢，尤其是在夜间，香气更浓。

小龙崎问道："龙叔叔，夜来香的香气为什么会在夜间变浓呢？"

龙叔叔说："我们平时看到的很多植物都是在白天依靠昆虫来传播花粉，以繁育后代。而夜来香却恰恰相反。它似乎很聪明，担心昆虫在白天忙不过来，于是在夜间靠飞蛾传播花粉。因此，夜来香在夜间会散发出种种香味，吸引夜间活动的昆虫前来传送花粉。"

小龙崎点了点头，继续问道："龙叔叔，夜来香在夜间开花，可是为什么我们现在就能看到它开花呢？"

龙叔叔说："夜来香的花瓣与其他白天开花的植物的花瓣构造不同。在夜来香的花瓣上有一个小孔，它的特点就是气孔的大小与空气的湿度成正比，空气湿度越高，气孔就越大，

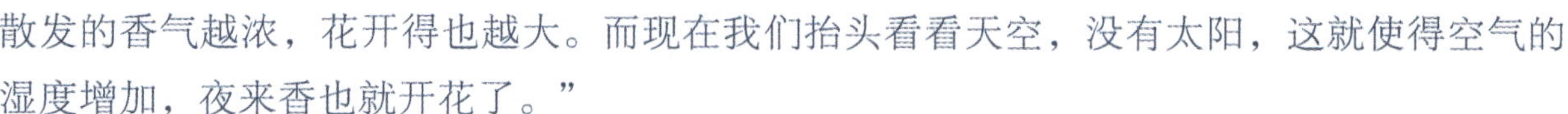

散发的香气越浓，花开得也越大。而现在我们抬头看看天空，没有太阳，这就使得空气的湿度增加，夜来香也就开花了。"

小龙崎听了，若有所悟地点了点头。

不可不知的事

太阳花

太阳花就是我们平时所说的“向日葵”。太阳花从发芽到花盘盛开之前，一直都需要向日，它的叶子和花盘追随着太阳而运动。在太阳下山后，太阳花的花盘将会慢慢移动到原来的位置。它日复一日地重复着追随—移动—恢复三个步骤。

太阳花在阳光的照射下，体内的生长素会升高，从而慢慢向着太阳移动。但是，花盘盛开后，太阳花就不再移动了，而是固定住方向——东方。这时我们就会想：为什么太阳花在花盘盛开后就不再移动了呢？答案很简单。虽然太阳花喜欢阳光的照射，但是在太阳花的花盘盛开后，它的花粉在高温情况下将会受到伤害。因此，为了避免正午阳光的直射，它固定面朝东方。而且，早晨的阳光可以将花盘上的露珠吸收，从而避免受到真菌的侵袭。

四、你所不知道的
事情

1 行星不会“眨眼睛”

一天，小龙崎和叔叔龙博士走到一处繁华的地带，听到旁边的商店里正在播放歌曲：“一闪一闪亮晶晶，满天都是小星星，挂在天上放光明，好像你的小眼睛……”

小龙崎一边听着，一边唱着，突然他问道：“龙叔叔，星星真的会一闪一闪的啊？”

龙叔叔笑着说道：“你想知道啊？那叔叔就给你讲讲吧。”

我们在夜晚的时候，抬头遥望天空，会看到众多星星聚集在一起。其实，这些星星各不相同，其中的行星是构成太阳系的主要成员。在16世纪之后，人们认识到地球也是围绕太阳公转的行星之一，而行星是环绕着恒星的天体。通常，行星自身需要具有一定的质量，质量小的被称为“小行星”。在行星的周围，还有卫星围绕运行，其中月亮就是地球的卫星。这些卫星均散发着微弱的光。在火星与木星之间分布着数十万颗小行星。此外，太阳系中还有众多的彗星和一些流星体。

尽管太阳系内的天体品种很多，但是比起太阳，它们都有点微不足道。太阳是太阳系中最庞大的天体，它的半径是地球半径的109倍。太阳是整个太阳系的质量中心，同时也是太阳系光和能源的源泉。它以自己强大的引力将太阳系的天体牢牢控制在周围，并井然有序地围绕自己旋转。可是，我们看到天空中的星体都有光亮，那它们自身会发光吗？其实，这些星体自身是不会发光的，我们看到的光是它们反射了太阳光的结果。

听到这里，小龙崎又问道：“龙叔叔，那我们看到的星星为什么会一闪一闪的呢？”

龙叔叔说：“天空的星星距离我们是非常遥远的，因此当它们的光亮传到地球时，就会很弱。地球大气的温度并不是完全相同的，由于温度的变化，大气层各个层面是相对流动的。大气中有水汽和尘埃，因此密度也会发生变化。冷空气的密度大，而暖空气的密度小，密度大的空气不断流向密度小的空气，就形成了风。高空中星星的光亮经过温度和密度不断改变的空气层时，就会发生变化。因此，我们看到的星星是一闪一闪的。”

小龙崎恍然大悟，说：“原来星星不会‘眨眼睛’啊！”

不可不知的事

行星是从哪里产生的？

对于行星是从哪里来的这个问题，一些研究者认为，行星是从黑洞中产生的。最初，人们认为只有大型黑洞才可以超速喷射行星。后来相关证据表明，银河系中央的小型黑洞也可以快速喷射行星，甚至小型黑洞能比大型黑洞喷射更多的行星。

一些研究认为，银河系中央有大量的小型黑洞，并且围绕在大型黑洞的周围。这些小型黑洞的质量大约是太阳的10倍。当小型黑洞喷射出行星之后，就会靠近大型黑洞。美国学者阿维·利奥伯说：“小型黑洞比特大质量黑洞喷射行星的速度更快！研究被喷射行星的轨迹和速度将有助于天文学家测定多少黑洞会喷射行星以及它们是如何喷射行星的。”

2 北京时间不在北京

小龙崎和叔叔龙博士在晚上7点的时候，打收音机听新闻。收音机中，播音员播报“北京时间7点整……”这让小龙崎又有了新的疑问。

“龙叔叔，为什么广播电台都是播报北京时间呢？”小龙崎好奇地问道。

龙叔叔说：“每个国家都有自己的首都，北京是我国的首都，因此北京时间是我国电视台统一的时间。”

小龙崎开心地说道：“原来是这样，北京的时间就是北京时间啊！”

龙叔叔说：“这可不对。”

中华人民共和国成立以后，我国统一采用北京所在的东八时区的区时作为标准时间，这也就是我们所说的“北京时间”。北京时间是指东经120°经线的地方平太阳时，而北京的地理经度为东经116° 21′，因而它的地方平太阳时比北京时间晚约14分半钟。

格林尼治时间是世界时，北京时间比格林尼治时间早8小时。依据国际标准时区划分的方法和我国所处的地理位置，我国主要位于东六时区、东七时区、东八时区内，跨越了5个时区。但北京时间仍是东八时区的标准时。

北京时间并不是来自北京，而是来自我国陕西省蒲城县境内的中国科学院陕西天文台，这也是我国唯一的标准时间授时中心。

在新中国成立前，美国海军天文台牵头负责我国的时间。新中国成立后，上海天文台租用邮电部真如国际电讯台发布我国的时间。但是，由于技术设备及地理位置等多种因素，时间发布效果并不理想。在这个时候，美国、日本等国家都已经建立起属于自己国家的授时系统，甚至台湾国民党当局也建立了标准时间授时台。到了 20 世纪 50 年代末，苏联领导人计划与我国合作建立一座授时中心。然而，毛泽东主席坚决拒绝了这一请求，并决定：中国要有自己的标准时间。在 1970 年，正式建成了中国科学院陕西天文台蒲城授时台，当年 12 月 15 日试播。

小龙崎点点头，似乎明白了我国建立标准时间授时台的经过，但是他还是很好奇："龙叔叔，那为什么要选在陕西呢？"

龙叔叔说道："各个国家的标准时间一般都是以首都所在区的时区而定。但是我国地域辽阔，要跨越 5 个时区。为了时间的准确性，就决定将授时台建立在我国的中心地带——陕西省蒲城县境内。"

不可不知的事

北京时间是怎么确立的?

我们听到北京时间的时候，会在心里认为确立一个时间能有多难呢，这样想的话就错了。北京时间也需要一个完美的系统。它需要将我国时间的频率基准保持住，是一个精细的守时系统。它是由铯原子钟、硅原子钟、氢原子钟等高精度的原子钟组成的，其精准度可达到30万年误差仅有1秒。

授时台主要有短波和长波专用无线电标准时间标准频率发播台，其基础需要有与世界统一的原子钟，就好像是与世界各国对过表一样。陕西蒲城的天文台有一组靠原子跳动定时的原子钟，首先由技术人员对其数据进行比较和计算，并报知国际时间计量局。等到汇总完各国时间之后，才确定我国的标准时间。之后，这个标准时间将作为城县授时中心的程控钟房的确定源，钟房的扫描器每小时对照一次，以保证精确。在确认原子钟的精准度没有问题之后，才可以将信号发射出去。最后，他再以自己的形式播出准确时间，也就是我们从广播中或电视上得到的北京时间。

3 雪是雪，雨是雨

小龙崎和叔叔龙博士在一起看天气预报，预报指出北方地区有的地方将有暴雪。小龙崎想到自己身处的地方还下着雨，于是好奇心再次萌动。他问道："龙叔叔，雪和雨本质上是一样的吗？"

龙叔叔看着可爱的小龙崎，回答说："不一样。雪是雪，雨是雨，我给你讲一讲吧。"

我们都知道，地球上的水受到太阳的照射之后，就会"消失不见"，可是它去哪里了呢？原来这些水受热之后，变成水蒸汽被蒸发到空气中了。水蒸汽"飞舞"到高空后，就会遇到冷空气凝聚成小水滴。最初，这些小水滴很小，直径只有0.0001毫米，又小又轻的它们就会被空气中上升的气流托在空中。随着小水滴越来越多，众多的小水滴就汇集成了云。如果小水滴想要滴落在地面上，就需要使自己的体积壮大。于是，小水滴开始不断吸收云体四周的水汽，使自己凝结。当云体中的水汽达到一定程度时，小水滴的表面将处于饱和状态，最终成为水滴滴落，也就是我们看到的雨。

小龙崎说道："嗯，龙叔叔，那雪呢？"

龙叔叔说：“雪与雨并不一样，它们形成的原理也不相同。雪的降落需要有冰云的存在，而冰云主要由微小的冰晶组成。这些冰晶在相互碰撞的过程中，表面摩擦会产生热量使其融化，这时冰晶就会黏合在一起，并重新冻结起来。这一过程不断重复，冰晶的体积也就随之不断增加。有时，冰云中也含有水汽，冰晶也需要依靠凝华增长。凝华就是物质从气态不经过液态而直接变成固态的现象。冰云并不像云体一样厚实，它所处的位置高，因此凝华增长很慢，相互碰撞的次数也会减少，因此容易形成降雨。这些雨并不会大量下降，在下降的途中也将被蒸发，很少降落在地面。当云体中的水滴和冰晶含量相等时，云中的水汽就向冰晶表面凝华。这时冷水表面并不稳定，只要有冰晶相撞，它就会随之冻结，因此冰晶增长的速度很快。当冰晶可以克服空气中的阻力时，我们就可以看到飘落在地面上的雪花了。”

“哇，好神奇啊！”小龙崎感叹地说道。

不可不知的事

雪花的形状

雪花的形态多种多样，但是我们细细观察就会发现，每一片雪花都是六角形，这种现象难免会让人们觉得很惊奇，究竟是怎么回事呢？

雪花的形状主要是水在大气中结晶时形成的。大气中的水分子在冰点以下时开始凝华，形成冰晶。冰晶最基本的性质就是具有自己的几何外形——六方晶系。六方晶系共四个结晶轴，其中三个呈60°角相交在一个平面上，另一个轴与这个平面形成六棱柱体。但是，雪花在结晶过程中的主轴方向发育慢，而副轴方向发育快，因此会形成六边形片状。我们看到的雪花是六角形，那这六个“角”又是怎么回事呢？

当大气中的水汽充足时，周围的水分子会不断地向晶片上粘附，于是在雪花的顶角上就会出现一些突出物和枝杈。这些枝杈不断增长分叉，就形成了一片片六角形的雪花。虽然雪花都是六角形，但是它们并不完全相同。目前科学家已经发现了6000多种不同形状的雪花。

4 真的有过 2 月 30 日

小龙崎和叔叔龙博士走到街上，发现街道上今天好热闹啊！有一堆人围在一起，小龙崎好奇地跑上前去，看到有一个卖日历的。小龙崎的好奇心被激发起来了。

“龙叔叔，那里有卖日历的，我们每个月都是 30 天吗？”小龙崎问道。

龙叔叔告诉小龙崎说：“小龙崎，这可不一定哦。有的是 31 天，有的是 30 天，不过 2 月只有 28 天或 29 天。”

小龙崎抓着头发，问道：“龙叔叔，2 月没有 30 天吗？”

龙叔叔拍拍小龙崎的肩膀，说：“既然你很好奇，我就给你讲一下吧。”

日常生活中，我们经常会从日历中看今天是几月几日，这就是历法。历法是从古罗马儒略历演变而来的。公元前 46 年时，历法已经处于非常混乱的时期。为了将历法整理清楚，古罗马的统治者儒略·恺撒决定改革历法，制订新的历法。“儒略历”便是改革后的历法名称。新的历法就需要有新的方式去记录，恺撒在改历命令中规定：四年为一个周期，其中有一年为闰年。闰年与平年的区别在于，一年的总天数差 1 天，平年每年 365 天，闰年每年 366 天。平年的月份安排为大月、小月、大月、小月、大月、小月、大月、小月、大月、小月、大月、小月。这样一年有 6 个大月、6 个小月，大月有 31 天，小月有 30 天，这完全符合我们的思维。但是，当我们将总天数算出来后就会发现，这样一年就多出了 1 天。那么，这就需要在某一个月内减少 1 天，因此 2 月便少了1天，成为28或29天。

在公历当中，2月只有28或29天。但是，这并不意味着从来没有出现过2月30日。1700年，瑞典等国家计划从此取消往后40年的闰月，将儒略历的历法改成公历。因此，在这一年，瑞典没有了闰年。但是，与他们计划相反的事情发生了。1704年和1708年都是闰年，这就使得瑞典的历法比儒略历快1天，但是比公历慢了10天。更麻烦的事情并不是在这两年，而是在1712年。令人想不到的是，这一年出现了两个闰日，2月奇迹般地变成了30天。而这一天对应儒略历的2月29日和公历的3月11日。直到1753年，瑞典才将历法改成了公历。

1929年，苏联决定采用苏维埃革命历法，将大月的31天全部改成30天，而多出来的5天或6天当作假期。于是从1930年开始，每年的2月都成了30天。但是，这种情况没有持续太长时间。

“哇，龙叔叔，历法也好神奇啊！”龙崎惊叹地说道，“中国的历法中有没有过2月30日呢？”

龙叔叔点点头说：“中国历法有农历和公历。农历隔几年也会有2月30日，比如1986年和1996年的2月都是30天。我们可能会在朋友或其他人的身份文件上看到出生日期为2月30日，但是这并不代表是错误的，就是因为他们的确是在农历2月30日出生的。”

不可不知的事

关于日历的传说

在13世纪时，有一位名叫约翰尼斯·德·赛科诺伯斯克的学者声称在儒略历中，从前44年直到前8年的2月都有30天。但是，恺撒是在7月出生的。于是，他从2月中拿走了一天放在了7月，这就使得他出生的月份成为31天。后来，奥古斯都的统治者也不甘示弱，他出生在8月，为了使自己出生的月份成为31天，他也从2月中拿走了一天。于是，这就成为我们现在所使用的历法。不过对于这件事情，迄今没有任何确切的证据，因此极有可能只是一个传说。

5 天不是蓝色的

这一天，天气晴朗。小龙崎和叔叔龙博士出去玩，小龙崎一路上蹦蹦跳跳，很快活。

龙叔叔抬头看着蔚蓝的天空说道：“小龙崎，你看蔚蓝色的天空多美丽啊！”

小龙崎抬头看了看之后，问道：“龙叔叔，天空是蓝色的吗？”

龙叔叔笑着说：“小龙崎，这只是表面现象，我带你了解了解吧。”

在晴天的时候，我们会看到天空的颜色很蓝。其实，天空的颜色应该是白色的，那这蓝色究竟是从哪里来的呢？这是空气分子和其他微粒对射入的太阳光进行选择性散射的结果。散射强度与大气层中的微粒大小相关。当波长大于微粒的直径时，散射强度和波长的 4 次方成反比。但是，太阳可见光的波长各不相同，散射比例也不相同，因此只能是选择性散射。

在地球的上空，包围着一层厚厚的大气，大气层中存在着直径不同大小的微粒。太阳光经过光的色散之后就会形成红、橙、黄、绿、蓝、靛、紫七种颜色。红光、橙光、黄光和绿光的波长都很长，而蓝光、靛光和紫光的波长较短。波长越长，其透射性越大，因此当太阳光透过厚厚的大气层时，红光可以直接透过大气层中的微粒射向地面，橙光、黄光

和绿光也随之透过大气层射向地面；而蓝光、靛光和紫光的波长较短，无法透过大气层中的微粒，因此被大气层“扣留”了。它们在大气层中，被浮尘和水滴来回“推搡”，最后反射到我们的眼睛中，因此我们看到的天空是蓝色的。

小龙崎听到这里，明白了许多，但他还是很好奇：“龙叔叔，既然蓝光、靛光和紫光都留在了大气层中，可是为什么我们看到的天空不是紫色的而是蓝色的呢？”

龙叔叔点点头，说：“这个问题问得好！在地面上我们看到的天空很蓝，如果我们乘坐飞机飞到空中，看到的天空会更蓝。但是，当我们乘坐宇宙飞船飞到更高的地方时，我们就会发现天空由蓝色变成了紫色。原因就是在太阳辐射的可见光透过大气层时，紫色光的波长最短，空气分子对紫色光的吸收比较强。这就使得我们看到的天空呈蓝色，但这并不说明其中没有紫色光。在雨后，天空中就会出现彩虹，这时我们就会很容易观察到紫色光。另外，还有一个很重要的原因，就是我们的眼睛。我们的眼睛中有红椎体、绿椎体和蓝椎体三种类型的接收器。它们对自己相对应的颜色较敏感，在受到外界光的刺激时，我们需要将这些光的颜色重新组建，也就形成了我们所看到的颜色。红椎体和绿椎体对于蓝光和紫光的刺激也有反应，而且，对于蓝色光的反应更大，因此我们看到的蓝色多一点。”

不可不知的事

彩虹是如何形成的?

雨过天晴，我们时常会看到美丽的彩虹高挂在天边。彩虹的形成与光的色散原理基本相同，它是由阳光射到空中接近圆形的小水滴，造成色散及反射而形成的。阳光在通过水滴时，会以不同的角度照射，水滴又会以不同的角度反射。当水滴以40°~42°角反射时，阳光进入水滴，先折射一次，然后在水滴的背面反射，最后离开水滴时再折射一次，就会形成我们所看到的彩虹。那彩虹的颜色又是怎么回事呢？水对不同光的折射率不同，蓝光的折射角也比红光大。但是，在经过反射之后，光谱就会倒过来。因此，我们看到的彩虹是红光在最上方。彩虹颜色的鲜艳程度和宽窄与空气中水滴的大小呈正比。空气中的水滴越大，彩虹的颜色就越鲜艳。

另外，彩虹并不一定只有在雨后才可以出现，只要空气中有水滴，我们站在水滴和阳光的中间，就可以看到彩虹。

6 北极星也会变

小龙崎和叔叔龙博士走到街上时，一名宣传员给了他们一张宣传单，上面写着在今晚会有一场北极星的演讲比赛。小龙崎看了这张单子之后，问道：“龙叔叔，简简单单的北极星有什么演讲比赛呢？”

龙叔叔说：“你别小看北极星，它也是会变的。既然你好奇，今天晚上我带你去看看。”

在晴朗的夜空中，星星一闪一闪的，其中在北部有一颗最亮的星星，它就是北极星。北极星距离我们约有323光年。北极星也叫“小熊座α星”，是一颗高光度星。它的质量约为太阳的5倍，在星座图形上，正处于小熊星座的尾巴尖端。

北极星几乎正对着地轴，距离北天极很近。我们从北半球上看，几乎看不到北极星的变化。当我们在夜晚迷路时，便可以依靠北极星来辨别方向。但是，地球自转轴会有周期性的摆动，北极星的位置并不是永远不变的，每隔约25800年，北极星就要循环一次。在麦哲伦航海的时候，北极星距离北天极有8°的角差，而现在北极星距离北天极更近了，只有40′之差。天文学家根据北极星的运动速度和地轴摇摆、恒星引力等计算，在2100年时北极星将处于北天极的正上方，随后将会远离北天极。

不可不知的事

牛郎织女星的传说

传说古时有一个叫牛郎的青年，父母去世早，他跟着哥嫂一块生活。哥嫂待牛郎非常刻薄，要与他分家，只给了他一头老牛和一辆破车。从此，牛郎和老牛相依为命，他们开荒种地，辛苦劳作。一两年后，他们有了一个家，勉强可以糊口度日。牛郎并不知道，那条老牛原是天上的金牛星。

这一天，老牛突然开口对牛郎说："牛郎，今天你去碧莲池一趟，那里会有一些仙女在洗澡，你把那件红色的仙衣藏起来，衣服的主人就会成为你的妻子。"牛郎见老牛口吐人言，又奇怪又高兴，便问道："牛大哥，你说的是真的吗？"老牛点了点头。

牛郎赶到碧莲池偷偷一看，果然有几个女子在水中嬉戏。牛郎便偷偷拿走了红色的仙衣。仙女们见有人来了，慌忙穿上自己的衣裳飞走了，只剩下没有衣服的仙女，她正是织女。织女见自己的仙衣被一个小伙子拿走了，又羞又急。这时，牛郎走上前来，对她说了老牛跟他说的话。织女听了，知道老牛是金牛星，她和牛郎今世有一段情缘，便点头答应了。他们成亲以后，男耕女织，相亲相爱。不久，他们生下了一儿一女，十分可爱。日子过得幸福美满。

可是，王母娘娘知道这件事后，非常生气，马上派天兵将织女捉回天庭。这一天，织女正在做饭，下地的牛郎哭着赶回来告诉织女："牛大哥死了！他临死前说，在他死后，要将他的牛皮剥下来放好。有朝一日，披上它，就可飞上天去。"织女便让牛郎剥下牛皮，好好埋葬了老牛。

正在这时，天空狂风大作，天兵从天而降，不容分说，押着织女便飞上了天空。牛郎想起了老牛的话，便用一对箩筐挑着两个孩子，披着牛皮追了过去。慢慢地，他们之间的距离越来越近了。可就在这时，王母娘娘驾着祥云赶来了，她拔下头上的金簪，往他们中间一划，一条天河便横在了织女和牛郎之间，无法横越了。

织女望着天河对岸的牛郎和儿女们，哭得声嘶力竭，牛郎和孩子们也哭得泪如雨下。王母见此情此景，也有所触动，便同意让牛郎和孩子们每年七月七日跟织女团聚一次。

在繁星点点的夜空中，我们至今还可以看见银河两边有两颗较大的星星，那便是织女星和牵牛星。和牵牛星在一起的还有两颗小星星，那便是牛郎织女的一儿一女。

7 寒潮不是寒流

这一天，小龙崎和叔叔龙博士路过一个报亭，买了一份报纸。小龙崎看到报纸上写着沿海地区将有寒潮入侵。当他们回家时，电视中说沿海地区将有寒流入侵。小龙崎很好奇，问道：“龙叔叔，为什么报纸上写的是‘寒潮’，而电视上却说是‘寒流’呢？它们一样吗？”

龙叔叔听到后，拿着报纸看了一下，说：“它们不一样，现在我就给你讲讲吧。”

冬季，寒风凛冽，有很多较强冷空气会伺机南下，造成我国大部分地区的温度急剧下降。我国很多媒体会将这种气象称为“寒流”，其实这种说法不正确。正确地说，这种现象应该称为“寒潮”。那寒流又是什么呢？这两者有什么区别呢？

在我国冬季，最常见的一种灾害性天气就是寒潮。它发生的次数比较多，每次波及的范围也很广泛。但是，寒潮并不是指所有的冷空气奔涌而来，一般是指冷空气侵袭到某一地方后，可以使其周围气温在24小时内降低10℃以上，同时最低温度必须达到5℃以下。寒潮的确定标准并不是固定不变的，它根据不同地方的地理环境和气候条件而不同。

入侵我国的寒潮，主要来自于北极地带、西伯利亚等北部地区。这些地区冬季四处都有冰雪覆盖，温度无法得到回升。当这些冷空气达到一定程度时，就会“爆发”，在合适的机会下，就会向气压较低的南方泛滥，于是就形成了寒潮。受到寒潮“袭击”的地方，温度会迅速降低，有时会出现下雪、冰冻等现象，而北部地区有时会出现大风沙天气。

听到这里，小龙崎迫不及待地问道：“那么，寒流又是一种什么现象呢？”

龙叔叔笑着说：“我们想要了解寒流，就需要知道洋流是什么。海洋表层的水，以大规模、稳定性的速度缓慢而有规律地流动，称为‘洋流’。洋流可分为两种，即暖流和寒流。流动的洋流温度比流经地区的海水温度高，则是暖流；相反，则是寒流。一般低纬度的海水温度较高，而高纬度的海水温度较低，这就使得低纬度流向高纬度的洋流为暖流，而高纬度流向低纬度的洋流为寒流。

“洋流对大陆沿岸的气候有很大影响，会使其气温降低，降水减少。洋流的形成主要是因为海面受长期而稳定的风吹形成的，此外，与海水的密度、高低等也有着很大的关系。

“由此，我们可以看出，寒潮与寒流的区别很大。寒潮主要是指冷空气的流动形式，而寒流主要是指海水的流动形式。因此，我们不能将寒潮与寒流混淆。”

小龙崎高兴地点了点头。

不可不知的事

如何预防寒潮？

北方的冷空气突然南下，使得南方的温度在短时间内迅速降低，这给人们带来了不少麻烦。天气的骤冷和大风、大雪的来临，无论是在农业方面还是交通运输方面，都会带来严重的影响。甚至，它们还会损害人们的健康，使心血管病人增多。为了减少寒潮带来的灾害，人们就需要做好预防措施。一是居民应该将房屋的门窗关闭，如有需要，在室外搭建建筑物，使屋内更加保暖。二是居民应该做好保暖措施，尤其是家中的老人，尽量减少外出活动的次数。在外出时，特别是私人驾车外出时，应做好防滑措施。三是如果家中喂养一些牲畜，要将其赶回圈内喂养。

8 航空飞机和航天飞机

一天，小龙崎和龙叔叔走到一个大型博物馆门口，收到了一张邀请函。在今天下午的时候，博物馆会有航空飞机和航天飞机的展览会。

小龙崎好奇地问道：“龙叔叔，同样叫作飞机，航空飞机和航天飞机不一样吗？它们有什么区别呢？”

龙叔叔这一次表现出了神秘的样子，说：“小龙崎，我现在不告诉你。一会儿我带你去观摩的时候，再为你一一讲解吧！”

从大体上来讲，航空飞机主要是指军用飞机、民用飞机及吸气发动机等，它们穿梭在大气层中。而航天飞机主要是指无人航天器、载人航天器、运载火箭等，它们可以往返于太空与地面之间。航空飞机与航天飞机是两种不同的技术产品。

所有的航空飞机最高只能在稠密的大气层中飞行，现在最先进的航空飞机最高也只能飞到距离地面 30 千米处。它的任务主要是作为交通工具或者达到军事目的。而航天飞机可以冲出稠密的大气层，在真空状态下的宇宙空间正常飞行，它的运行轨道近地点的高度至少在 100 千米以上。它的任务主要是研究太空中的飞行环境。

在动力装置方面，航空飞机主要应用吸气发动机提供推力，吸收空气中的氧气作为氧化剂。但是，在没有空气的情况下，吸气发动机就无法工作，不过它可以随飞机多次使用。

它所使用的燃烧机仅仅局限于航空汽油和航空煤油两种。而航天飞机则需要由火箭发动机提供推力，不仅携带燃烧剂，而且还需要携带氧化剂。但是，发射航天飞机的运载火箭只能使用一次。不过火箭发动机所用的推进剂是多种多样的，既有液体的，也有固体的，还有固液型的。

在飞行速度方面，航空飞机中的军用飞机的最快速度只能达到音速的3倍多，客机都是以亚音速飞行的；而航天飞机都是以非常高的速度在太空中运行的，其速度是音速的22倍。

在工作时限方面，无论是军用航空飞机还是民用航空飞机，最大航程限制在2万千米，且单次飞行时间不能超过24小时。而航天飞机在轨道上行的飞行时间很长，可达到一个月之久。

在升降方面，航空飞机是从起飞线开始滑跑到离开地面，随后加速爬升到安全高度为止。在它返回地面降落时，只要降低速度缓慢下滑着陆即可。而航天飞机的发射需要施放航天器，它本身是垂直发射升空的。在返回地面时，它必须经历四个阶段，即离轨、过渡、再入和着陆，其难度远比航空飞机大。

“哇，龙叔叔，听着名字很相似，差别竟然这么大啊！”小龙崎惊叹地说道。

不可不知的事

乘坐航空飞机的常识

乘坐飞机的时候，有一些常识是需要我们了解的。

第一，一些人的平衡器官紊乱，会导致晕机呕吐。这时，一定要保持镇静。如果知道自己有晕机的习惯，登机前15分钟应服用防晕机的药物。

第二，人们在乘坐飞机时，随着飞机起飞、降落、上升、下降、转弯等飞行姿态的变化，会刺激一些疾病发作。一些患有心脑血管疾病的患者，一定不要乘坐飞机，以免发生危险。患有感冒的患者最好不要乘坐飞机，因为咽鼓管阻塞有鼓膜穿孔的危险。

第三，经常乘坐飞机可能会引起航空性中耳炎，这时我们在飞机上嚼几块糖果使咽鼓管经常打开，可以有效避免航空性中耳炎的发生。如果有症状发生，我们可以用拇指和食指捏住鼻子，闭上嘴巴用力呼吸，这样气流冲开咽鼓管即可消除这些症状。

第四，在飞机上不要擅自更换座位，这样可以保持飞机的平衡。

9 海与洋不一样

小龙崎和叔叔龙博士走到博物馆展览室，看到墙上有一幅世界地图。小龙崎看着地图上一片片蓝色的图标，说道：“世界上的海洋好多啊！”

龙叔叔抚摸着小龙崎的头发说：“小龙崎，你了解海洋吗？海跟洋是分开的，它们不一样。”

小龙崎好奇地问道：“哦，海和洋有什么不同啊？”

在我们的地球上，有71%的面积都是被海洋占据的。人们通常将“海”和“洋”合在一起叫作“海洋”，其实海和洋并不一样。

洋距离大陆较远，它与海是由半岛、岛屿和群岛划分开的。比如日本群岛、琉球群岛和菲律宾群岛等均是东面为大洋，西面为大海。洋的水域面积很广阔，水深超过2000米。其性质不受大陆的影响，一直处于稳定状态。洋水的盐度一般稳定在3.5%，即1000克洋水中含盐量为35克左右。洋水的颜色呈蓝色，透明度很高。洋底的地形主要以海盆、岭脊为主，有独立的运动系统。

而海是靠近大陆的部分，是大洋的附属部分。海的内侧是大陆，外侧是大洋，中间

以群岛为界。海的面积比洋的面积要小很多，约占海洋的11%；其深度也比不上洋的深度，平均深度从几米到3000米。由于海距离大陆很近，因此，受大陆的气候、气温等影响，水的温度、颜色、盐度和透明度都会出现变化。甚至，一些海水在气温较低的情况下会结冰。海底地形以陆架、陆坡为主，与大洋相比，海没有自己独立的潮汐与海流运动。

世界上有很多著名的海主要分布在大洋的边缘地带，比如太平洋边缘的东海、南海、日本海，大西洋边缘的北海、地中海等。

不可不知的事

海水中的盐是从哪里来的？

我们平时吃菜，都会放盐，可是盐是从哪里来的呢？有人说，海水是盐的“故乡”。我们来到海边，品尝海水的味道，就会发现，不仅是咸的，还略微发苦，这是怎么回事呢？在海水中，有各种各样的盐，不过大多数都是氯化钠，也就是我们平时所食用的食盐。另外，海水中还含有氯化镁、硫酸镁、碳酸镁及含钾、碘、钠、溴等各种元素。氯化镁的味道是苦的，它可以用来点卤水豆腐的卤水。因此，海水的味道又苦又咸。

世界上所有海洋中的盐究竟有多少呢？有人统计，如果我们把海水中的盐全部提取出来平铺在陆地上，就可以使陆地的高度增加153米。

这么多的盐究竟是从哪里来的呢？原来，地面上的水被阳光蒸发以后，变成了雨。雨水降落在地面上，便在低洼处聚集起来，形成小河。小河在流动的过程中会渗入到地下，然后在其他的地段冒出来，最终流到大海里。水在流动的过程中，经过土壤、岩层时，使其产生的盐类物质，随之被带到大海中。海水在阳光的照射下不断地被蒸发，盐的浓度就越来越变高。因此，现在的海水中含盐量很高。

10 氧气不会被用完

小龙崎和叔叔龙博士来到了高原地区，小龙崎的身体有了反应，似乎对这个地区的环境不太适应。

“龙叔叔，我觉得我呼吸有点困难，是不是高原的氧气快用完了呢？”小龙崎苦着一张脸说。

龙叔叔听到小龙崎的话后，“噗”的一声笑了，说道：“傻孩子，氧气怎么会用完呢？我给你讲点新知识吧。”

我们生存在地球中，最离不开的就是氧气。在19世纪的时候，英国一位著名的物理学家曾经有过这样的担忧：“随着世界各国科技的发展，工业的发达和人口的增多也是无法避免的，地球上的氧气够人们使用吗？在500年后，人们是否会因为氧气不足而面临灭亡的危险呢？”

这位学者的担心似乎很有道理，地球上的生物圈不断扩大，60亿的人口数量加上无以计数的动物和一些无法进行光合作用的植物，都在不停地吸收空气中的氧气。至今，我们所生活的大气成分已经发生了明显的变化，二氧化碳的含量大幅度升高。照这种趋势发展下去，地球上的氧气可以供应多久呢？

地球已经存在了40多亿年，在这么久的时间内，没有人可以保证氧气浓度一成不变。在地球存在的前半期，地球是没有生机的大空球，没有任何生物。氧气仅仅是以元素的状态存在于水中或者岩石中。之后，经过大自然的演变，地球的大气和海洋中才有了氧气的存在，但是氧气的含量仅仅只有1%。大约24亿年前，地球发生了“大氧化事件”，氧气突然开始聚集。直到寒武纪时期时，地球大气中的氧气已经达到了15%～30%。氧气的含量在这个范围内持续了大约2亿年的时间。到了大约3亿年前的石炭纪末期时，氧气的含量达到了35%。在这个时候，恐龙等大型动物是地球的主角。

直到6500万年前，恐龙等大型动物灭绝了，这时也正是地球大气含量显著降低的阶段。由此看来，地球上的氧气浓度发生了变化，对生物圈的影响很大。

小龙崎听到这里，问道：“龙叔叔，这么说的话，在我们的生活环境中，氧气浓度一直在发生变化啊？那现在有变化吗？”

龙叔叔摇摇头说道：“目前来看，近1000年来氧气的浓度没有发生变化。原因很简单，现在我们生活的环境中，四处可以看到绿色的树木，它们可以进行光合作用，吸收空气中的二氧化碳，释放出氧气。据计算，三棵树就可以吸收一个人所呼出的二氧化碳。除了植物以外，还有一种东西不停地在吸收空气中多余的二氧化碳，这就是岩石。岩石在风吹雨打的过程中，会风化、分解，这时石灰石中的碳酸钙会在氧化碳和水的作用下，变成可以溶解的碳酸钙，这种物质可以吸收空气中大量的二氧化碳。另外，除了大气中有氧气之外，海洋中也含有大量的氧。光合作用和呼吸作用等消耗的氧在输入和输出的过程中，基本保持平衡。即使光合作用停止，大气中的氧气也足以使地球上的生物生活几千年了。因此，我们空气中的氧气并不会用完。”

小龙崎一颗悬着的心总算放下来了。

不可不知的事

氧气的发现

中国南朝陈的炼丹家马和是世界上最早发现氧气的人。有一次，他在认真观察各种燃烧物在空气中燃烧后的情况后，得出了一个结论：空气是由阳气和阴气组成的，阳气比阴气含量多，当阴气随着可燃物的燃烧用尽时，阳气依旧留在空气中。随后，马和发现，阴气主要存在青石等物质中。如果用火来加热它们，阴气就会释放出来。

其实，马和所说的阳气就是我们现在的氮气，而他说的阴气就是我们所说的氧气。因此，马和对氧气的发现是最早的。马和把自己毕生研究的成果记录在一本名叫《平龙认》的书中，一直流传到清代。但是在战争中，被德国侵略者乘乱抢走，从此遗失。

1774年，英国化学家约瑟夫·普里斯特利和他的同伴制得纯氧，并发现它助燃和帮助呼吸的性质，称之为“脱燃素空气”。他去访问法国的时候，将制氧的方法告诉了拉瓦锡。拉瓦锡在1775年时，重复试验，并确定了其真实性。不过，早在1773年，瑞典一位叫舍勒的人用加热氧化汞和其他含氧酸盐制得了氧气，可他的论文《关于空气与火的化学论文》直到1777年才发表。不过，氧气的确是普里斯特利和舍勒两人单独发现的。

因此，后世把这三位学者都确认为氧气的发现者。

五、原来是我们误会了

1 冬虫夏草是动物还是植物

小龙崎和叔叔龙博士一路前行，走到一个繁华的地方时，看到有一个大型展览会内人山人海。小龙崎很好奇，于是跑上前去观赏。到了里面之后，他才知道这是中药材展览会。既然来了，小龙崎和龙叔叔也仔细地观察起来。小龙崎走到一处叫“冬虫夏草”的中药前，被这个名字吸引住了。

“龙叔叔，‘冬虫夏草’这个名字好有趣啊，它是虫还是草呢？”小龙崎问道。

龙叔叔说：“既然你想了解它，我就带你仔细研究一下吧。”

说起冬虫夏草，有些人会感到高深莫测。古人曾这么形容冬虫夏草：“冬虫夏草名符实，变化生成一气通。一物竟能兼动植，世间物理信难穷。”其实，冬虫夏草并没有古人说的那么神秘，但是它也不简单。它是一种特殊的虫和真菌共生的生物体。

我们从“冬虫夏草”的名字中就可以知道，既有虫，又有草。“虫”指的是蝙蝠蛾的幼虫，“草”是指虫草真菌形成的小植物。冬虫夏草产生在海拔 3500 ~ 5000 米的高原地区，比如青藏高原。

在炎炎夏日，冬虫夏草在海拔较高的雪原草甸上，开始了自己的生长。蝙蝠蛾将自己的虫卵留在花叶上，等到这些卵变成小虫时，就会钻到潮湿的土壤中。小虫主要吸食植物根茎的营养来供给自身的成长。这时，球形的子囊孢子便会钻进蝙蝠蛾幼虫的体内，吸收其营养，使自己萌发菌丝。当这只蝙蝠蛾幼虫吃到有虫草真菌的叶子时就会变成虫草。受到真菌感染的蝙蝠蛾幼虫，逐渐向地表移动，随后就会死亡，这就是“冬虫”。虽然蝙蝠蛾幼虫已经死亡，但是它体内的真菌依旧可以生长，直到充满整个虫体。在次年春天，虫子的头部就会长出一根小草，顶端有一个囊壳，这就是“夏草”。因此，冬虫夏草是非动物非植物的菌类。

冬虫夏草的一生需要经历四个时期，即虫卵期、幼虫期、蛹期、蝙蝠蛾成虫期。在冬虫夏草成熟以后，真菌子座的头部含有子囊，子囊中含有孢子。在子囊成熟时，孢子就会再次寻找蝙蝠蛾的幼虫为寄主，如此循环下去，每一个周期所需时间为 2 ~ 3 年。

小龙崎听到这里，问道：“龙叔叔，那它为什么会是中药材呢？”

龙叔叔说道：“研究发现，在冬虫夏草内含有 7% 的虫草酸、28.9% 的糖类、8.4% 的脂肪和 25% 的蛋白质。此外，冬虫夏草中大部分为不饱和脂肪酸，还有少量的维生素 B_{12}、麦角脂醇、六碳糖醇、多种生物碱等。根据医学分析，它是著名的滋补强壮药，有补虚健体之效。因此，被列为中药材类。”

不可不知的事

冬虫夏草的重要作用

冬虫夏草是一味名贵的中药材，是中国三大补药之一。早在 1757 年时，就有了关于冬虫夏草的记载："冬虫夏草甘平保肺，益肾，补精髓，止血化痰，已劳咳、治膈症皆良。"冬虫夏草既能补肺阴，又能壮肾阳。对于肾虚病症，是唯一一种能同时平衡、调节阴阳的中药。此外，冬虫夏草还存有抗病的功能。

第一，调节免疫系统功能。它既可以清除老化、坏死的细胞组织，抗击病毒等微生物的感染，又可以调低某些免疫细胞的功能。

第二，抗肿瘤。冬虫夏草中的虫草素，可以降低肿瘤发生、转移、复发的几率，是发挥抗肿瘤作用的主要成分。

第三，冬虫夏草能提高机体的耐寒能力，减轻疲劳。

第四，冬虫夏草可以降低心脏对氧的消耗，抗心律失常，提高心脏的耐缺氧能力。

第五，冬虫夏草可以扩张支气管，防止肺气肿，并且可以改善肾功能，减少肾脏的损害。

2 开屏不是比美

小龙崎和叔叔龙博士在中药材展览会上，遇到了一个饲养孔雀的人。说起孔雀，小龙崎的精神变得无比旺盛，一路上“唧唧喳喳”，不停地问着问题：“龙叔叔，书上说孔雀开屏特别美丽，它们是不是也在比美啊？”

龙叔叔笑着说：“小龙崎，你还没见过孔雀开屏吧？现在我就带你去看看。”

说起孔雀，见过的人都能想到孔雀开屏无比美丽的样子。孔雀被称为“百鸟之王”，分为绿孔雀和蓝孔雀两种。这两种孔雀的雄体体长一般为 90 ~ 130 公分，尾屏主要由尾部上方极长的覆羽构成。孔雀进食很奇怪。它不像其他生物一样，坐在或者停在某一地方进食，而是边走边吃。它喜欢吃黄泡、野梨等野果。孔雀看似有美丽的外表，但是它的声音并不“美丽”。雄孔雀经常发出“啊喔”的叫声，而雌孔雀的叫声则更令我们无法相信，好像是驴子的叫声。但是，孔雀在繁殖时期的叫声相比较就会很温柔，它会发出像猫叫一样的声音。

孔雀主要分布在云南南部海拔 2000 米以下的河谷地带，也有少数孔雀生活在灌木丛、竹林、树林等开阔地带。孔雀一般成对活动，也会三五成群活动，但是基本上不会单独行动。孔雀拥有宽大美丽的屏，那它是不是很擅长飞行呢？其实，孔雀并不依靠自己的屏飞行，它的双翼不太发达，飞行速度慢且笨拙。孔雀在遇到强敌时，会快步逃窜。在开屏方面，与我们习惯性的认识恰恰相反，雄孔雀开屏很美丽，而雌孔雀却其貌不扬。雄孔雀羽毛翠绿，闪耀着紫铜色的光泽，伸展开来长约 1 米。在这些羽毛的末端，还有众多由紫、蓝、黄、红等色构成的大型眼状斑，好像无数面小镜子，鲜艳夺目。它们头顶上的羽冠也别具风度。孔雀在春季的时候开屏次数最多。

听到这里，小龙崎问道：“龙叔叔，为什么在春季开屏最多？它们是在比谁更美丽吗？”

龙叔叔摇摇头说：“首先，春天是孔雀产卵繁殖后代的季节，雄孔雀体内的生殖腺分泌性激素，刺激大脑，展开尾屏。它们还会做一些优美的动作吸引雌孔雀，求偶成功后，便与雌孔雀繁殖后代。其次，我们可以看到，在孔雀的尾屏上有许多眼状斑，当它们遇到敌人却无法逃窜时，就会展开尾屏，发出‘沙沙’的声音，从而使敌人畏惧这种‘多眼怪兽’，以此来保护自己。最后，孔雀对外界的声音很敏感，一些较大的声音会使它们感到害怕，此时它们也会展开尾屏作为防御动作。”

小龙崎说：“嗯，龙叔叔，原来孔雀开屏并不是为了比美啊！我又学到了一些知识。”

龙叔叔欣慰地点了点头。

不可不知的事

刚果孔雀

刚果孔雀又叫“刚果太阳鸟”，是唯一一种分布于亚洲之外的雉科动物。最初时，刚果孔雀列入孔雀家族中的一种，后来经过动物学家试验分析，证明它不属于孔雀家族。

刚果孔雀是一种令人捉摸不透的神秘鸟类，由于数量很少且生活环境隐蔽，很少有人看到它。1913年，美国动物学博士詹姆斯·蔡平在刚果追寻一种异兽时，发现了刚果孔雀的踪迹。1934年，在刚果居民家中找到了刚果孔雀的两根羽毛，并捕捉到了活体标本。1936年，美国动物学博士詹姆斯·蔡平正式将其定为“刚果孔雀”。

刚果孔雀主要生活在热带雨林深处，属于杂食性动物。它喜欢群居生活，每个群体由几个家庭组成。由于刚果孔雀长期生活在稳定封闭的环境中，因此它们的繁殖习性已经退化。直到现在，它们对于“爱情”的“忠贞”，令动物学家感到头疼。它们也遵循着一夫一妻制的“婚姻”制度，无论发生什么事情，都无法打破它们之间的“婚姻”。也正是因为它们对于“爱情”的“忠贞”，雄性刚果孔雀身上漂亮的尾屏退化成了一小截短毛，避免了招蜂引蝶的可能。

3 凤尾鱼也有爸爸

小龙崎和叔叔龙博士看完孔雀之后，看到附近还有好多鱼缸。每个鱼缸中的鱼都不一样，这让小龙崎有点眼花缭乱了。

“龙叔叔，好多鱼啊！您看这个是什么鱼啊？好漂亮！”小龙崎指着一个鱼缸中的鱼说道。

龙叔叔看了看，说：“这个鱼叫作‘凤尾鱼’。”

“凤尾鱼？名字也好听！龙叔叔，您快给我讲讲吧！”小龙崎央求道。

凤尾鱼俗称“子鲚”，又称“鲚鱼”，是一种名贵的经济鱼类。“凤尾鱼”名字的由来很简单，因其尾部的分叉形状像凤凰的尾巴，故名。它的身体修长，漂亮的红色尾巴将其衬托得无比精致。

雄性凤尾鱼与雌性凤尾鱼在体型和颜色上的差别很大。一般人都会认为，雄鱼的身体壮大，雌鱼的身体娇小。但是，事实却恰恰相反。雄鱼的身体瘦小，体长 4 ~ 5 厘米。其背鳍较长，尾鳍较宽，长度约是身长的一半。根据其尾鳍的形状，可以分为上旬尾、下剑尾、双剑尾、琴尾、针尾、圆尾、旗尾、扇尾、三角尾等品种。其身体的颜色也是各种各样，有红色、黄色、绿色、蓝色、黑色及杂色等。有些雄鱼的尾部有蓝黑色的小圆斑，像孔雀的尾翎，因而又被称为“孔雀鱼”。而雌鱼的身体较粗壮，体长可达 7 厘米。其体色暗淡，虽然尾鳍上有一些花纹，但与雄鱼相比要逊色很多。

凤尾鱼是热带鱼中最普通的一种鱼，平时多栖息在大海中，在每年春末夏初的时候就会成群结队游回到江中，并在中下游的淡水中排卵繁殖后代。凤尾鱼小巧玲珑、活泼好动，其繁殖力强，性成熟早，多数幼鱼 3 个月大的时候就可以进入成熟期了。不过，幼鱼性成熟的早晚与水温和饲养条件有着很大的关系。

“龙叔叔，凤尾鱼有爸爸吗？它是怎么出生的呢？”小龙崎好奇地问道。

龙叔叔说：“嗯，凤尾鱼属于卵胎生鱼类，在它繁殖的时候，要选择一个大型的鱼缸，且水温需要保持在26℃。雄鱼与雌鱼的交配需要按照1∶4的比例进行。在凤尾鱼发情后，雌鱼就会发生明显的变化——腹部逐渐膨大，出现黑色胎斑。这时的雄鱼就会追逐雌鱼并与之交配。当雌鱼受精后，胎斑就会变大，颜色变深。这时，我们就需要仔细观察雌鱼，等雌鱼的肛门突出时，就需要将其捞入另一水箱内待产。雌鱼产出幼仔，容易捕食幼仔，因此要立即将幼仔捞出。凤尾鱼产仔的周期为27～28天，雌鱼的大小不同，每次产仔量也不同。雌性凤尾鱼还有一个独特之处，即只要雌鱼受过一次精，就可以将精液储存起来，持续到生第二胎或第三胎。”

小龙崎惊叹地说道：“哇，凤尾鱼好神奇啊！”

不可不知的事

凤尾鱼的尾巴

我们都知道，凤尾鱼的尾巴是其身上的一大亮点。但是，当水质不良或长期处于混浊状态时，水的pH值会发生变化，这将会对凤尾鱼造成严重的危害。水中的细菌会致使鱼鳍腐烂，漂亮的鱼尾将会变成一缕一缕的，这时就需要严加注意了。首先要将水换掉，然后用2%的呋喃西林溶液为鱼的尾巴清洗消毒，或用高浓度的高锰酸钾浸洗10个小时，同时必须保证水质的酸碱度。

4 蜜蜂蜇人之后不会死

小龙崎和龙叔叔离开了孔雀园，他们走到了山林深处。突然，小龙崎看到前方的花丛中飞舞着密密麻麻的蜜蜂。

“龙叔叔，快看，那么多的蜜蜂，它们会不会蜇到我们呢？”小龙崎有些害怕地问。

龙叔叔拍拍小龙崎的肩膀，安慰道：“别怕，小龙崎，没事的。蜜蜂是不会轻易蜇人的，它们正在采食花粉，我带你去看看吧。”

说起蜜蜂，一般人们都会想到它采食花蜜和蜇人两件事。蜜蜂是唯一在细胞中有铁矿物沉积现象的真核生物。蜜蜂源自亚洲与欧洲，由英国人与西班牙人带到美洲，它们主要以采食花蜜为生。在蜜蜂的群体生活中，它们也会分工合作以维持自己的生活，可分为蜂王、工蜂和雄蜂，每个蜜蜂群体中都会有一只蜂后。

人们形容蜜蜂，一般都会说“勤劳的蜜蜂”，这句话将蜜蜂的本质体现了出来。它们为了取得食物不停地工作，白天采蜜，晚上酿蜜。很多植物间的授粉工作都离不开蜜蜂的帮助。

蜂王可以分泌抑制工蜂卵巢发育的激素物质，并影响蜂巢内的工蜂的行为。在幼虫化蛹前，需要喂食含有丰富的蛋白质、维生素和生物激素的蜂王浆；雄蜂既不采食花蜜，也不负责喂养幼虫，它的任务主要是和蜂王交配繁殖后代。雄蜂是由未受精卵发育而成的，

在发育过程中，雄蜂幼虫的食量很大。雄蜂性成熟时，精巢内的精子将逐渐地排到贮精囊中，以便繁殖后代。工蜂就好比妻子一样，主要负责“内勤”，比如采集食物、哺育幼虫、保巢攻敌等。工蜂也是由受精卵发育而成的，但是它们的生殖器官发育受到抑制，失去了正常的生殖机能，因此，也可以称它们是发育不完全的雌蜂。

蜜蜂的口部是花粉采集和携带的“工具”。走近蜜蜂时，可以听到“嗡嗡”的细小声音，这是由在蜜蜂腹部的两个极小的黑色圆点——发声器官发出的。

蜜蜂虽然很小，但是人们都知道它蜇人很厉害。蜜蜂的防身武器，就是我们经常说的“刺”，它是由蜜蜂腹部末端的产卵器演变而来的，连着体内的毒腺。因此，我们被蜜蜂蜇到后会感到无比的疼痛。

“龙叔叔，有的书上说蜜蜂蜇人后会死掉，这是真的吗？”小龙崎好奇地问道。

龙叔叔点点头，说：“嗯，是真的，但是它们也并不是一定会死掉。蜜蜂的‘毒刺’刺入人体的皮肤内时，毒素就会注入人体内，这时人体皮肤的自我保护功能就会使肌肉收缩，将‘毒刺’夹紧。蜜蜂的毒刺连接着内脏，在蜜蜂想要脱离人体时，会使得内脏也被拽得脱落，导致死亡。但是，如果蜜蜂没有挣扎，而是顺着毒针弯曲的方向慢慢脱离，就会完好无损，这时蜜蜂也就不会死亡了。”

小龙崎听了，开心地说道：“蜜蜂真是一种很有趣的小昆虫啊！”

不可不知的事

蜜蜂的舞蹈语言

语言的沟通在我们的日常生活中起着重要的作用，那么，蜜蜂是怎样进行沟通的呢？我们都知道，蚂蚁的触角是它们的“语言工具”，而舞蹈则是蜜蜂的“语言工具”。

在蜜蜂的群体生活中，工蜂担负着“内勤”工作。大批工蜂在外出采蜜之前，都会派出侦察蜂去视察外面的环境。假如侦察蜂在距离巢穴 100 米的地方找到了蜜源，就会立即飞回巢内通知大家。它们会在蜂巢上一直转着小圈圈，以“圆圈舞”的方式告诉大家，已经找到了蜜源。如果食物在 10 米以上、100 米以内时怎么办呢？侦查蜂就会将“圆圈舞”变成“镰刀舞”。如果蜜源在百米以外，侦查蜂便会呈“∞”字形飞舞，也叫“8 字舞”。蜜蜂飞行的时间越长，表示蜜源距离巢穴越远。侦察蜂在“报告”消息时，周围的蜜蜂就会互相碰触触角以示了解。侦察蜂跳的“8 字舞”，还可以表示蜜源的方向。但是在阴雨天的时候，它们之间的“舞蹈语言”会受到影响，有些失灵。

5 纯酒精为什么不杀菌

这一天，天空下起了雨，小龙崎和叔叔龙博士没有出门。小龙崎拿起一本关于科学小知识的书看了起来，书中说道：75％的酒精才可以消毒。这句话使小龙崎心中起了疑问。

“龙叔叔，为什么75％的酒精才可以消毒呢？纯酒精不消毒吗？”小龙崎问道。

龙叔叔抬头看了看小龙崎，从医疗箱中拿出了一瓶酒精，说道：“我给你仔细讲一讲吧！”

酒精的学名叫作“乙醇”，其消毒作用主要是依靠它的渗透力。它可以钻入细菌内部，使菌体蛋白质凝固，造成细菌因失去活性而死亡。

事实上，无论是纯酒精还是纯水都不能使蛋白质变性，只有在纯酒精与水合作的情况下，才可以体现出使蛋白质变性的能力。

蛋白质是一种大分子结构，是由螺旋状的长链拳曲成一定的几何形状的复杂体。如果蛋白质的立体结构被破坏且不能在短时间内还原，它就会失去原有的生理活性。在蛋白质分子中，不仅有憎水的基团，而且还有亲水的基团。憎水的基团存在于螺旋状的长链内部，亲水的基团则“暴露”在外部，因此，蛋白分子的外围与水十分“亲密”。蛋白质内部的憎水基团与外部的亲水基团存在着一定的吸引力，这使得蛋白质整体既稳定又活跃。但是，只要使蛋白质变性，就会破坏其形成拳曲和螺旋的各种力。

酒精分子内也存在两个末端：一端是可以破坏蛋白质内部憎水基团之间的吸引力的憎水酒精分子，而另一端则是难以破坏蛋白质外部的亲水基团之间的吸引力的亲水酒精分子。另外，水分子可以松弛蛋白质亲水基团之间的吸引力，并且可以进入细菌的内部，但是它无法破坏其蛋白质中憎水基团之间的吸引力。因此，纯酒精和水都不能使蛋白质变性。而纯酒精与水合作，达成75%的酒精溶液，就可以使细菌内部的蛋白质失去生理活性，从而达到杀菌作用。而酒精溶液浓度过高或者过低都会对杀菌效果产生影响。

小龙崎问道：“龙叔叔，那不同浓度的酒精是不是就没有用处啊？”

龙叔叔说：“不是。虽然不同浓度的酒精对于杀灭细菌会有不良的效果，但是它们都有自己的用处。”

不可不知的事

不同浓度的酒精

说起消毒，并不是只有75%的酒精才具有这样的效果，不同浓度的酒精都有自己的作用。

对于高烧患者，可以用25%～50%的酒精擦拭身体，使患者的血管扩张，达到散热效果。但是，酒精的浓度不易过高，否则会吸收皮肤中大量的水分，从而刺激皮肤。

一些长期卧床的患者，由于背部、腰部、臀部等地方长期受压，会引发褥疮，而且难以治愈，可以用40%～50%的酒精擦拭。这样可以促进褥疮部位的血液循环，进一步防止褥疮的滋生。

70%～75%的酒精可以用于医疗消毒，但是，浓度不可过低或者过高。

95%的酒精可以用于一些高清晰机械的擦拭消毒，比如相机镜头、紫外线灯等。

99.5%的酒精被称为“无水酒精”，可以用来提取叶绿素中的色素。

6 伤庄稼的除草剂

小龙崎和叔叔龙博士走到了一片庄稼地的周围，小龙崎看到农民伯伯后背上都背着一个桶状的东西向田间洒着“水”。小龙崎吸了一口气，发现空气中的气味很刺鼻。

“龙叔叔，农民伯伯喷洒的不是水吧？气味好像不对，很难闻。”小龙崎问道。

龙叔叔点点头，捂着鼻子说：“小龙崎，农民伯伯在给庄稼喷洒除草剂，为了防止杂草生长。”

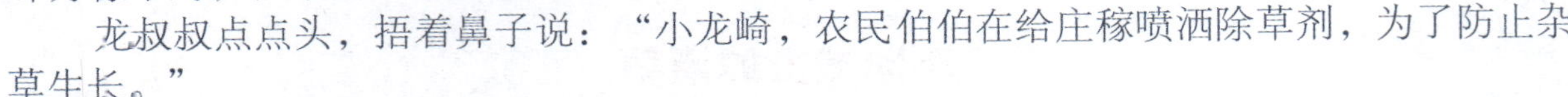

小龙崎点点头，说：“杂草跟庄稼长在一起，很难清除，有了除草剂，农民伯伯方便多了。除草剂真好！”

龙叔叔说：“你可别高兴得太早！杂草跟庄稼同是植物，你想，难道除草剂就不会伤害庄稼吗？”

小龙崎倒没想到这一点，一下愣住了。

除草剂又称为“除莠剂”，是一种消灭或抑制植物生长的物质。除草剂的应用范围很广泛，农田、果园、花卉苗圃等都可以使用。

不同除草剂的成分会有所不同，但是整体来讲，除草剂可以打乱植物体内的激素平衡，使其生理失调，最终导致其死亡。除草剂可分为触杀型除草剂、内吸传导型除草剂和内吸传导、触杀综合型除草剂。触杀型除草剂在与杂草接触时，只能杀死与药剂接触的部分，起到局部的杀伤作用。有些则可以杀死杂草的地上部分，但对根部没有效果。内吸传导型除草剂则是通过叶子的吸收，传到植物体内，从而导致植物死亡。内吸传导、触杀综合型除草剂具有触杀型除草剂和内吸传导型除草剂的双重功能。

事实上，除草剂并不仅仅可以铲除杂草，对农作物也是有一定伤害的。如果使用除草剂过量，施药期或者使用方法不妥当，就会对农作物造成伤害。超高量的除草剂往往会抑制农作物的生长，严重时可导致农作物死亡。

另外，除草剂的品种较多，不同类型的植物对除草剂的要求也不同，比如玉米类植物需要使用相对应的旱地除草剂，水稻类植物需要使用稻田除草剂，等等。如果使用不妥当，将会对农作物造成药害。一些除草剂喷洒后会滞留在土壤中，日积月累，大量的除草剂残留会给农作物的安全带来影响。

小龙崎睁着亮晶晶的大眼睛，说道：“龙叔叔，原来除草剂在一些条件下可以给农作物带来这么大的影响啊！”

不可不知的事

除草剂的发展历史

除草剂的使用，我们可以追溯到19世纪末期。当时，很多人种植的葡萄都发生了霜霉病，在偶然的机会下，人们发现一种叫作“波尔多液”的物质可以伤害一些十字花科杂草的作物，但是对于禾谷类作物没有丝毫的影响。在这一时期，美国、法国和德国同时发现硫酸和硫酸铜具有除草作用，且对小麦没有影响。于是，人们就开始进行关于除草剂的研究。在1932时，有机化学除草剂——二硝酚出现了。直到1940年，“2，4-滴”除草剂的出现，促进了有机除草剂工业的迅速发展。1971年，人们将“2，4-滴”除草剂合成，使其具有多种类除草、无环境污染的优点。草甘膦的出现为有机磷除草剂的发展迈出了伟大的第一步。随后，各种各样新类型的除草剂开始发展起来。直到1980年，除草剂已经在世界各国流传开来，且销售量剧增，远远超过杀虫剂的销量。

7 多样化的润滑剂

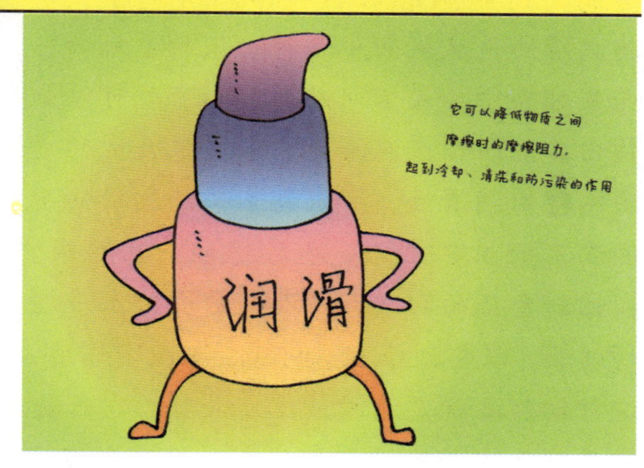

小龙崎和叔叔龙博士在田野的小路上走着，不断有人骑着自行车从身边过去。这时，有一个小伙子骑着骑着突然不骑了，随后就看到他在自行车的链条上滴了两滴类似食用油的东西。小龙崎好奇地问道："龙叔叔，他往链条上滴了些什么呢？"

龙叔叔说："他滴的是一种润滑剂，在自行车的链条上可以起到润滑、抗磨损等作用。"

小龙崎说："哦，龙叔叔，润滑剂又是什么呢？"

龙叔叔笑着说："别急，听我慢慢给你说一说。"

说起润滑剂，人们首先就会想到它具有润滑的作用。它可以降低物质之间的摩擦阻力，起到冷却、清洗和防污染的作用。为了改善润滑性能，使润滑剂发挥更好的效果，某些润滑剂中还加入了适量的添加剂。材料、工作环境和工作条件不同，对于润滑的选用也不相同。

在很早以前，世界各国的科技并不发达，人们经常使用植物油作为润滑剂。随着科技水平的提高，常用的润滑剂层出不穷。人们环保意识的提高，使润滑剂的性能也开始向环保、高效方面发展。它综合了多种润滑成分的优点，润滑性能更好，冷却性能更高。

在日常生活中，常用的润滑油有矿物润滑油、合成润滑油、水基液体、润滑脂、固体润滑剂和气体润滑剂等。矿物润滑油是从石油中提炼出来的基础油；在基础油中加入不同的添加剂，就可以制作出其他的合成润滑油。用有机合成的方法制得的润滑油，可以满足矿物润滑油不能满足的工矿上的一些特殊的使用要求。在切削金属的时候，工人经常会倒入一些切削液，以起到冷却、润滑、清洗等作用，这种切削液就是润滑油水基液体。它一般不用于纯润滑的场合，但可以应用到液压系统中。在基础油中加入一些稠化剂，就可以组成具有塑性的润滑剂。稠化剂是润滑脂的重要组成部分，可分为皂基和非皂基两类。润滑脂的作用主要有：减缓摩擦磨损，防止金属零部件的锈蚀和腐蚀，接合真空状态下的密封零件，等等。固体润滑剂主要有石墨、二硫化钼等。固体润滑剂的使用方式一般可分为整体使用、以各种覆盖膜的形式使用、以复合材料或组合材料的形式使用和直接使用粉末固体润滑剂。气体润滑剂主要是空气，在某种情况下，氢、氦、氮等也可作为气体润滑剂使用。空气润滑剂的气体黏度小，对温度变化不敏感，仅用于超高速、轻载的场合。

小龙崎听到这里，惊叹地说道：“哇，龙叔叔，现在竟然有这么多的润滑剂啊！”

龙叔叔点点头说：“这还不算全部的。在润滑剂或者润滑脂中加入少量的添加剂，可以改善其性能。添加剂可分为影响润滑油、脂物理性质的添加剂和影响润滑油、脂化学性质的添加剂。润滑剂的使用也有一些需要注意的地方。”

不可不知的事

如何使用润滑剂？

润滑剂在生活中的应用越来越广泛，品种也越来越多。虽然润滑剂的种类多了，但是人们应用的时候难免会出现不理想的效果。因此，在使用润滑剂的时候，需要注意以下几个方面的问题：

第一，在聚合物的流动性可以满足成型工艺的需要时，需要考虑润滑剂是否可以满足工艺需求，以保证内外平衡。

第二，润滑剂是否达到了理想的效果，应该看它在塑料表面是否可以形成完整的液体薄膜。这就需要润滑剂的熔点与塑料表面成型的温度相近。

第三，润滑剂与聚合物的相容性大小适中，要保证不喷霜，不易结垢。

第四，润滑剂在使用过程中会经受一些化学稳定性及耐热性等方面的“考验”，这时要保证润滑剂不分解、不挥发、不腐蚀和无毒性。

8 冰的世界种类多

小龙崎和叔叔龙博士来到海边，吹着海风。小龙崎看到远处有一个卖冰棒的小摊位，便跑过去买了两根冰棒。小龙崎一边吃着，一边问："龙叔叔，咱们吃的冰棒跟冬天自来水冻成的冰一样吗？"

龙叔叔说："你可不要小看冰，冰分为好多种呢！"

小龙崎好奇地问道："是吗，龙叔叔？您快给我讲讲吧。"

冰是无色透明的固体，在常压环境下，它的熔点为0℃。大多数的冰为六方晶格的晶体，其物理性质可以随着晶体结构的改变而改变。说起冰的形成，我们都会想到水。水是一种特殊的液体，在4℃时，其密度最大。当水在4℃以下时，水中呈线性分布的缔合分子中就会出现"假冰晶体"，"假冰晶体"可以降低水的密度。在自然条件下会存在天然冰，其他的都是高压冰。

根据冰的用途，可分为工农业用冰和食用冰。工农业用冰就是普通自来水的冰；而食用冰则是消毒后的食用水制成的冰。根据冰的形状，可分为块冰、管冰、片冰、板冰、冰晶体、颗粒冰等。不同名称的冰都有自己相对应的形状。根据冰的颜色，可分为白冰、透明冰和彩色冰。白冰是因为冰体中含有空气，冰体颜色不透明，呈乳白色；透明冰是白冰在生产过程中增加“吹气”等工艺而制成的；彩色冰是指食用冰在生产过程中添加了食用色素而制成的。根据冰的成分，可分为无味冰、咸味冰和防腐冰等。根据获取方式，可分为天然冰和人造冰等。

由此可以看出，冰的世界并不是单一的，它就好比人类的世界，丰富多彩，充满趣味。

“哇，龙叔叔，原来冰的世界也这么神奇啊！”小龙崎高兴地说道。

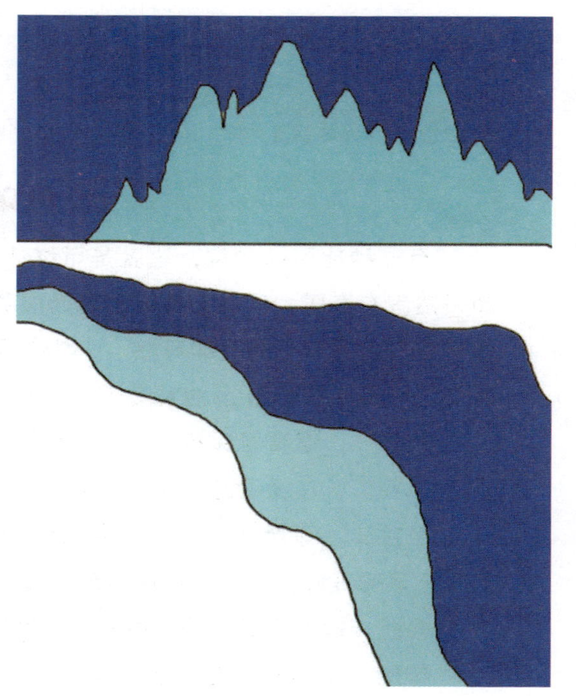

不可不知的事

可以燃烧的冰

有一种冰可以燃烧，这就是可燃冰。可燃冰的学名叫作“天然气水合物”，是由水和天然气在高压、低温条件下结晶而成的“冰块”。其性质与固体酒精更为相似。可燃冰含有80%的甲烷，遇火即可燃烧，燃烧后没有任何残渣，具有使用方便、燃烧值高等特点。因此，可燃冰被誉为21世纪最有希望的战略资源。那么，可燃冰是如何生成的呢？

条件一，温度要保持在0℃～10℃，若超出其范围内的最高温度，可燃冰就会分解；

条件二，在低温的状态下，需要30个大气压，且气压越高，可燃冰的性质越稳定；

条件三，可燃冰在低温、高压全部具备的条件下，其中丰富的碳经过生物转化，可产生充足的气源。这时，可燃冰的晶体才会生成。

因此，对于可燃冰的生成来说，低温、高压和充足的气源，缺一不可。

可燃冰主要分布在海底，由于各个国家对其的采用标准不同，因此所产生的估计值差别很大。目前，世界上已经发现的可燃冰分布区已达116处之多。科学家估计，海底可燃冰足以供全世界的人们使用1000年。但是，新能源给人们带来便捷的同时，也给人们带来了严峻的挑战。可燃冰中含有大量的甲烷，其造成的温室效应是二氧化碳的2倍，这将造成气候异常和海面上升，给人们的生活带来威胁。如何合理开发使用可燃冰，是一个亟待解决的问题。

9 子弹没有声音快

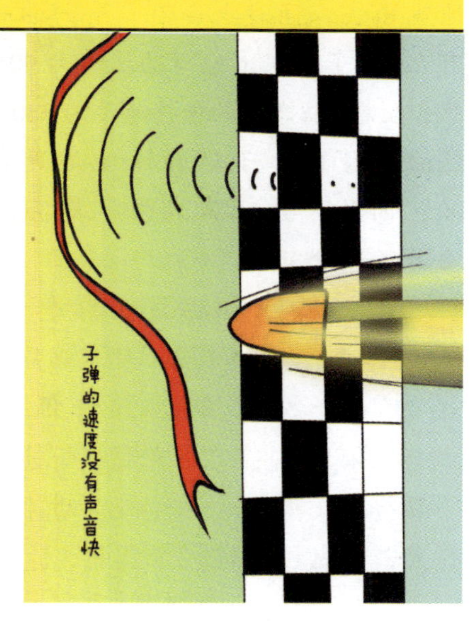

小龙崎和叔叔龙博士这一路的探险也将结束，他们准备返航。在他们离开海边的时候，听到远处海军学校广播说，新兵将在海边进行子弹射击训练。好奇心十足的小龙崎怎么能放过这次机会呢？

“龙叔叔，新兵们要进行子弹射击训练了，我好想看看啊！”小龙崎说道。

龙叔叔严肃地对小龙崎说：“千万不要靠近他们，子弹不长眼睛，我们还没有看到它，就已经被它射到了。”

小龙崎睁大眼睛问道：“哇，龙叔叔，子弹这么快啊！比声音还快吗？”

龙叔叔说：“我们在这休息休息，一会儿他们进行训练的时候，你站在终点仔细感受一下子弹的声音和速度吧！”

无论什么样的子弹，它们的构造都是一样的。子弹是由弹丸、弹壳、发射药和火帽四部分组成的。无论作为什么用途，国际上通用的发射药均是无烟火药。无烟火药也并不简单，可分为单基、双基、三基，枪械多用单基药。不同型号的枪械对于子弹的选用也有不同的要求，比如手枪多采用多孔速燃单基药，而步枪多采用单孔颗粒单基药。

一般情况下，一开枪，子弹就会迅速地飞出去，同时也会有“嘭”的一声响。有人说，子弹射出枪口的速度为900米/秒，声音在常温状态下的传播速度为340米/秒。这么算下来，子弹的速度是声音的2倍多，因此子弹比声音快。其实，这种说法并不完全正确。

小龙崎听到这里，忍不住问道：“龙叔叔，我们用900除以340不是约等于2.65吗？为什么说这种说法不正确啊？”

龙叔叔说：“小龙崎，你别急。声音的传播速度是匀速不变的，而子弹在飞行过程中，不断与空气摩擦，速度就会越来越慢。短距离内，子弹的速度比声音快，但是距离远了呢？有人曾经做过这样一个实验，让子弹和声音进行比赛。将这个比赛分为三个阶段：第一阶段，在600米以内，子弹离开枪口的平均速度约为450米/秒，这时的子弹速度要快，声音会落后。如果我们在这个时候听到枪声，那子弹早已经跑到声音的前面了。第二阶段，在600～900米之间，空气的阻力会使得子弹的速度减慢，这时子弹与声音几乎同时到达终点。第三阶段，在900米以后，子弹的起始速度快，但是随着距离的加长，空气的阻力会使子弹越来越慢，而声音的速度却始终不变。最后，声音就会远远超出子弹了。因此，在远距离的情况下，子弹的速度没有声音快。”

小龙崎听到这里，说道：“嗯，龙叔叔，我知道了。持之以恒才能获得胜利。”

龙叔叔欣慰地点了点头。

不可不知的事

在火车上开枪会出现的情况

在物理书上，我们都看到过这样一句话：“任何物体，在不受外力作用的情况下，总是保持静止或者匀速直线运动状态。”如果我们在一列速度与子弹相同的火车上开枪会出现什么情况呢？

如果火车一直匀速前进，我们竖直向上抛出一粒球，那么球会垂直落下来，并不会因为火车正在高速行驶而发生变化。这正是因为我们和球与火车的运动速度相同。

如果我们站在火车上用枪以火车行驶的速度发射出一颗子弹，那么子弹永远都是以这个速度飞离枪。但是，相对于地面而言，子弹的飞行速度与火车的行驶速度不同，而应该是火车行驶速度的2倍。如果我们逆着火车行驶的方向站立，向地面射击一颗子弹，子弹的速度和火车行驶的速度正好抵消，这时子弹就会垂直掉落在地面上。

10 火箭、导弹不一样

小龙崎和叔叔龙博士看完子弹射击演习，龙叔叔想到小龙崎可能还没有看过火箭，于是就问小龙崎：“小龙崎，你想不想看看火箭呢？”

小龙崎一听，高兴地蹦了起来：“想啊，龙叔叔，我想看看火箭！它是不是跟导弹长得一样呢？”

龙叔叔摸了摸小龙崎的头，说：“小龙崎，火箭是火箭，导弹是导弹，它们可不一样，不能混淆。”

“火箭”一词最早出现在三国时代，距今已有1700多年的历史了。当时，战争的硝烟弥漫全国。人们在交战的时候，都会把一种头部带有易燃物的东西射向敌人的阵营，并称之为“火箭”。由此可见，古人口中的“火箭”与我们现在的“火箭”相差甚远。到了宋代，人们将装有火药的东西绑在箭杆上，点燃引火线后射出去，并称这种喷火的箭为“火箭”。这也是现代火箭的雏形。我们现在所说的“火箭”，是一种多功能的、可以在没有空气的太空中飞行的工具。它既可以携带燃料，又可以携带助燃用的氧化剂。无论是原始火箭还是现代火箭，其诞生后的主要应用区域便是军事领域，作为一种武器来使用。

早期的火箭武器，发射到空中后不再受控制。虽说这种火箭比较方便简单，但是它的命中目标精度差，作战效率不高且发挥的威力有限。随着世界各国科技的发展以及战争的需要，武器的命中精度成为各个国家急需改善的目标。于是，人们对原始火箭进行了改造，在火箭上安装了可以由人力控制的部件，并将这种武器称之为“导弹”。

由于导弹是在最原始的火箭的基础上进行改造的，因此人们常常会把“火箭”与“导弹”两个名词混为一谈。实际上，两者间有着巨大的差别。导弹主要是指依靠自身的动力装置推进，有控制系统控制并飞行的一种武器。它由战斗部和运载器两个主要部分组成。用来作战的是战斗部，其内部可以装炸药，也可以装核武器、化学武器等。运载器由结构系统、动力装置系统和控制系统等组成，是用来把战斗部送向目标的一种可控制的飞行器。

而现代火箭主要是一种依靠火箭发动机产生的反作用力推进的飞行器。可以作为运载器的有控火箭，又称为“运载火箭”。它不仅可以运送战斗部，而且还可以运送各种类型的航天器，比如人造地球卫星、载人飞船等。由于运载火箭可以在大气层外的真空环境中飞行，因此它已经成为人类进行航天活动必不可少的工具。

“嗯，龙叔叔，原来火箭跟导弹并不一样，不过它们是‘远亲’。”小龙崎笑着说道。

龙叔叔点点头说：“嗯，你这个比喻很贴切啊！”

不可不知的事

导弹之父

冯·布劳恩是人类导弹技术的开创者。他从小生活在德国维尔西茨的一个贵族家庭中，后随全家移居柏林。布劳恩从小就对宇宙空间感兴趣。好奇心使他不断地实验自制火箭。13岁时，他进行了一次火箭实验，还因此被警察抓住了。

1934年，年仅22岁的布劳恩写了一篇毕业论文，主要阐述了液体推进剂火箭发动机理论和实验等，并获得了物理学博士学位。1936年，德国火箭研究中心确立了重点项目，布劳恩作为负责人。1939年，布劳恩成功研制出了世界上第一枚导弹——“A-1”导弹，并成功发射。从此，导弹武器的时代开启了。1942年，他再次成功发射“V-1”导弹和“V-2”导弹。

第二次世界大战结束后，布劳恩还研制了几种地空导弹。此后，他去了美国，并主持研制“土星5号”火箭。布劳恩可谓是“现代导弹之父”。

主要参考书目

［韩］圣惠淑著，陈钰译：《从小爱科学》，湖南少儿出版社 2009 年版。

贵州教育出版社编：《小小牛顿幼儿馆》，贵州教育出版社 2010 年版。

［美］琳达·海沃德、［美］珍妮弗·达斯林等著，筱舟、魏亚西等译：《科学全知道》，晨光出版社 2013 年版。

［英］丹·格林等著，赵畅等译：《世界上最酷最酷的科学书》，湖南少儿出版社 2013 年版。

美国卡洛斯出版公司编著，小多（北京）文化传媒有限公司译：《尖端科学》，广西教育出版社 2012 年版。